AQUIS SUBMERSUS.

Novelle

von

Theodor Storm.

Zweite Auflage.

Berlin.

Verlag von Gebrüder Paetel.

1886.

In unserem zu dem früher herzoglichen
Schlosse gehörigen, seit Menschengedenken aber
ganz vernachläſſigten „Schloßgarten“ waren
schon in meiner Knabenzeit die einſt im alt-
franzöſiſchen Stile angelegten Hagebuchenhecken
zu dünnen, geſpenſtigen Alleen ausgewachſen;
da ſie indeſſen immerhin noch einige Blätter
tragen, ſo wiſſen wir Hieſigen, durch Laub der
Bäume nicht verwöhnt, ſie gleichwohl auch in
dieſer Form zu ſchätzen; und zumal von uns
nachdenklichen Leuten wird immer der eine
oder der andere dort zu treffen ſein. Wir
pflegen dann unter dem dürftigen Schatten
nach dem ſogenannten „Berg“ zu wandeln,

einer kleinen Anhöhe in der nordwestlichen Ecke
des Gartens oberhalb dem ausgetrockneten Bette
eines Fischteiches, von wo aus der weitesten
Aussicht nichts im Wege steht.

Die Meisten mögen wohl nach Westen blicken,
um sich an dem lichten Grün der Marschen
und darüberhin an der Silberfluth des Meeres
zu ergötzen, auf welcher das Schattenspiel der
langgestreckten Insel schwimmt; meine Augen
wenden unwillkürlich sich nach Norden, wo,
kaum eine Meile fern, der graue, spitze Kirch=
thurm aus dem höher belegenen, aber öden
Küstenlande aufsteigt; denn dort liegt eine von
den Stätten meiner Jugend.

Der Pastorssohn aus jenem Dorfe besuchte
mit mir die „Gelehrtenschule" meiner Vater=
stadt, und unzählige Male sind wir am Sonn=
abendnachmittage zusammen dahinausgewandert,
um dann am Sonntagabend oder Montags

früh zu unserem Nepos, oder später zu unserem
Cicero nach der Stadt zurückzukehren. Es war
damals auf der Mitte des Weges noch ein gut
Stück ungebrochener Haide übrig, wie sie sich
einst nach der einen Seite bis fast zur Stadt,
nach der anderen ebenso gegen das Dorf erstreckt
hatte. Hier summten auf den Blüthen des
duftenden Haidekrauts die Immen und weiß-
grauen Hummeln und rannte unter den dürren
Stengeln desselben der schöne, goldgrüne Lauf-
käfer; hier in den Duftwolken der Eriken und
des harzigen Gagelstrauches schwebten Schmetter-
linge, die nirgends sonst zu finden waren. Mein
ungeduldig dem Elternhause zustrebender Freund
hatte oft seine liebe Noth, seinen träumerischen
Genossen durch all' die Herrlichkeiten mit sich
fort zu bringen; hatten wir jedoch das ange-
baute Feld erreicht, dann ging es auch um
desto munterer vorwärts, und bald, wenn wir

nur erſt den langen Sandweg hinaufwateten,
erblickten wir auch ſchon über dem dunklen Grün
einer Fliederhecke den Giebel des Paſtorhauſes,
aus dem das Studirzimmer des Paſtors mit
ſeinen kleinen, blinden Fenſterſcheiben auf die
bekannten Gäſte hinabgrüßte.

Bei den Paſtorsleuten, deren einziges Kind
mein Freund war, hatten wir allezeit, wie wir
hier zu ſagen pflegen, fünf Quartier auf der
Elle, ganz abgeſehen von der wunderbaren
Naturalverpflegung. Nur die Silberpappel, der
einzig hohe und alſo auch einzig verlockende
Baum des Dorfes, welche ihre Zweige ein gut
Stück oberhalb des bemooſten Strohdaches rau=
ſchen ließ, war gleich dem Apfelbaum des Para=
dieſes uns verboten und wurde daher nur heimlich
von uns erklettert; ſonſt war, ſo viel ich mich
entſinne, Alles erlaubt und wurde je nach
unſerer Altersſtufe beſtens von uns ausgenutzt.

Der Hauptschauplatz unserer Thaten war die große „Priesterkoppel", zu der ein Pförtchen aus dem Garten führte. Hier mußten wir mit dem den Buben angebornen Instincte die Nester der Lerchen und der Grauammern aufzuspüren, denen wir dann die wiederholtesten Besuche abstatteten, um nachzusehen, wie weit in den letzten zwei Stunden die Eier oder die Jungen nun gediehen seien; hier auf einer tiefen und, wie ich jetzt meine, nicht weniger als jene Pappel gefährlichen Wassergrube, deren Rand mit alten Weidenstümpfen dicht umstanden war, fingen wir die flinken schwarzen Käfer, die wir „Wasserfranzosen" nannten, oder ließen wir ein ander Mal unsere auf einer eigens angelegten Werft erbaute Kriegsflotte aus Wallnußschaalen und Schachteldeckeln schwimmen. Im Spätsommer geschah es dann auch wohl, daß wir aus unserer Koppel einen Raubzug nach des Küsters Garten

machten, welcher gegenüber dem des Pastorates
an der anderen Seite der Wassergrube lag;
denn wir hatten dort von zwei verkrüppelten
Apfelbäumen unseren Zehnten einzuheimsen, wo=
für uns freilich gelegentlich eine freundschaft=
liche Drohung von dem gutmüthigen alten
Manne zu Theil wurde. — So viele Jugend=
freuden wuchsen auf dieser Priesterkoppel, in
deren dürrem Sandboden andere Blumen nicht
gedeihen wollten; nur den scharfen Duft der
goldknopfigen Rainfarren, die hier haufenweis
auf allen Wällen standen, spüre ich noch heute
in der Erinnerung, wenn jene Zeiten mir leben=
dig werden.

Doch alles Dieses beschäftigte uns nur vor=
übergehend; meine dauernde Theilnahme da=
gegen erregte ein Anderes, dem wir selbst in
der Stadt nichts an die Seite zu setzen hatten.
— Ich meine damit nicht etwa die Röhren=

bauten der Lehmwespen, die überall aus den
Mauerfugen des Stalles hervorragten, obschon
es anmuthig genug war, in beschaulicher
Mittagsstunde das Aus= und Einfliegen der
emsigen Thierchen zu beobachten; ich meine den
viel größeren Bau der alten ungewöhnlich statt=
lichen Dorfkirche. Bis an das Schindeldach
des hohen Thurmes war sie von Grund auf
aus Granitquadern aufgebaut und beherrschte,
auf dem höchsten Punkt des Dorfes sich er=
hebend, die weite Schau über Haide, Strand
und Marschen. — Die meiste Anziehungskraft
für mich hatte indeß das Innere der Kirche;
schon der ungeheure Schlüssel, der von dem
Apostel Petrus selbst zu stammen schien, erregte
meine Phantasie. Und in der That erschloß
er auch, wenn wir ihn glücklich dem alten
Küster abgewonnen hatten, die Pforte zu man=
chen wunderbaren Dingen, aus denen eine längst

vergangene Zeit hier wie mit finsteren, dort
mit kindlich frommen Augen, aber immer in
geheimnißvollem Schweigen zu uns Lebenden
aufblickte. Da hing mitten in die Kirche hinab
ein schrecklich übermenschlicher Crucifixus, dessen
hagere Glieder und verzerrtes Antlitz mit Blute
überrieselt waren; dem zur Seite an einem
Mauerpfeiler haftete gleich einem Nest die
braungeschnitzte Kanzel, an der aus Frucht-
und Blattgewinden allerlei Thier- und Teufels-
fratzen sich hervorzudrängen schienen. Besondere
Anziehung aber übte der große, geschnitzte Altar-
schrank im Chor der Kirche, auf dem in be-
malten Figuren die Leidensgeschichte Christi da-
gestellt war; so seltsam wilde Gesichter, wie das
des Kaiphas oder die der Kriegsknechte, welche
in ihren goldenen Harnischen um des Gekreu-
zigten Mantel würfelten, bekam man draußen
im Alltagsleben nicht zu sehen; tröstlich damit

kontrastirte nur das holde Antlitz der am Kreuze
hingesunkenen Maria; ja, sie hätte leicht mein
Knabenherz mit einer phantastischen Neigung
bestricken können, wenn nicht ein Anderes mit
noch stärkerem Reize des Geheimnißvollen mich
immer wieder von ihr abgezogen hätte.

Unter all' diesen seltsamen oder wohl gar
unheimlichen Dingen hing im Schiff der Kirche
das unschuldige Bildniß eines todten Kindes,
eines schönen, etwa fünfjährigen Knaben, der,
auf einem mit Spitzen besetzten Kissen ruhend,
eine weiße Wasserlilie in seiner kleinen, bleichen
Hand hielt. Aus dem zarten Antlitz sprach
neben dem Grauen des Todes, wie hülfeflehend,
noch eine letzte holde Spur des Lebens; ein
unwiderstehliches Mitleid befiel mich, wenn ich
vor diesem Bilde stand.

Aber es hing nicht allein hier; dicht daneben
schaute aus dunklem Holzrahmen ein finsterer

schwarzbärtiger Mann in Priesterkragen und Sammar. Mein Freund sagte mir, es sei der Vater jenes schönen Knaben; dieser selbst, so gehe noch heute die Sage, solle einst in der Wassergrube unserer Priesterkoppel seinen Tod gefunden haben. Auf dem Rahmen lasen wir die Jahrzahl 1666; das war lange her. Immer wieder zog es mich zu diesen beiden Bildern; ein phantasti= sches Verlangen ergriff mich, von dem Leben und Sterben des Kindes eine nähere wenn auch noch so karge Kunde zu erhalten; selbst aus dem düstern Antlitz des Vaters, das trotz des Priesterkragens mich fast an die Kriegsknechte des Altarschranks gemahnen wollte, suchte ich sie herauszulesen.

— — Nach solchen Studien in dem Dämmer= licht der alten Kirche erschien dann das Haus der guten Pastorsleute nur um so gastlicher. Freilich war es gleichfalls hoch zu Jahren, und

der Vater meines Freundes hoffte, so lange ich
denken konnte, auf einen Neubau; da aber die
Küsterei an derselben Altersschwäche litt, so wurde
weder hier noch dort gebaut. — Und doch, wie
freundlich waren trotzdem die Räume des alten
Hauses; im Winter die kleine Stube rechts, im
Sommer die größere links vom Hausflur, wo
die aus den Reformationsalmanachen heraus=
geschnittenen Bilder in Mahagonirähmchen an
der weißgetünchten Wand hingen, wo man aus
dem westlichen Fenster nur eine ferne Wind=
mühle, außerdem aber den ganzen weiten Himmel
vor sich hatte, der sich Abends in rosenrothem
Schein verklärte und das ganze Zimmer über=
glänzte! Die lieben Pastorsleute, die Lehnstühle
mit den rothen Plüschkissen, das alte tiefe Sopha,
auf dem Tisch beim Abendbrod der traulich
sausende Theekessel, — es war Alles helle,
freundliche Gegenwart. Nur eines Abends —

wir waren derzeit schon Secundaner — kam mir
der Gedanke, welch' eine Vergangenheit an diesen
Räumen hafte, ob nicht gar jener todte Knabe
einst mit frischen Wangen hier leibhaftig um-
hergesprungen sei, dessen Bildniß jetzt wie mit
einer wehmüthig holden Sage den düsteren
Kirchenraum erfüllte.

Veranlassung zu solcher Nachdenklichkeit mochte
geben, daß ich am Nachmittage, wo wir auf
meinen Antrieb wieder einmal die Kirche besucht
hatten, unten in einer dunkelen Ecke des Bildes
vier mit rother Farbe geschriebene Buchstaben
entdeckt hatte, die mir bis jetzt entgangen waren.

„Sie lauten C. P. A. S.“, sagte ich zu dem
Vater meines Freundes; „aber wir können sie
nicht enträthseln.“

„Nun,“ erwiderte dieser; „die Inschrift ist
mir wohl bekannt; und nimmt man das Gerücht
zu Hülfe, so möchten die beiden letzten Buchstaben

wohl mit ‚Aquis Submersus‘, also mit ‚Ertrunken‘
oder wörtlich ‚Im Waſſer verſunken‘ zu deuten
ſein; nur mit dem vorangehenden C. P. wäre
man dann noch immer in Verlegenheit! Der
junge Adjunctus unſeres Küſters, der einmal die
Quarta paſſirt iſt, meint zwar, es könne ‚Casu
Periculoso‘ ‚Durch gefährlichen Zufall‘ heißen;
aber die alten Herren jener Zeit dachten logiſcher;
wenn der Knabe dabei ertrank, ſo war der Zu=
fall nicht nur bloß gefährlich.“

Ich hatte begierig zugehört. „Casu“, ſagte
ich; es könnte auch wohl ‚Culpa‘ heißen?“

„Culpa?“, wiederholte der Paſtor. „Durch
Schuld? — aber durch weſſen Schuld!“

Da trat das finſtere Bild des alten Predigers
mir vor die Seele, und ohne viel Beſinnen rief
ich: „Warum nicht: ‚Culpa Patris?‘“

Der gute Paſtor war faſt erſchrocken. „Ei, ei,
mein junger Freund,“ ſagte er, und erhob war=

nend den Finger gegen mich. „Durch Schuld
des Vaters? — So wollen wir trotz seines
düsteren Ansehens meinen seligen Amtsbruder
doch nicht beschuldigen. Auch würde er der=
gleichen wohl schwerlich von sich haben schreiben
lassen."

Dies Letztere wollte auch meinem jugendlichen
Verstande einleuchten; und so blieb denn der
eigentliche Sinn der Inschrift nach wie vor ein
Geheimniß der Vergangenheit.

Daß übrigens jene beiden Bilder sich auch
in der Malerei wesentlich vor einigen alten
Predigerbildnissen auszeichneten, welche gleich
daneben hingen, war mir selbst schon klar ge=
worden; daß aber Sachverständige in dem Maler
einen tüchtigen Schüler altholländischer Meister
erkennen wollten, erfuhr ich freilich jetzt erst durch
den Vater meines Freundes. Wie jedoch ein
solcher in dieses arme Dorf verschlagen worden,

oder woher er gekommen und wie er geheißen
habe, darüber wußte auch er mir nichts zu sagen.
Die Bilder selbst enthielten weder einen Namen,
noch ein Malerzeichen.

⁓⁓⁓⁓⁓

Die Jahre gingen hin. Während wir die
Universität besuchten, starb der gute Pastor, und
die Mutter meines Schulgenossen folgte später
ihrem Sohne auf dessen inzwischen anderswo er=
reichte Pfarrstelle; ich hatte keine Veranlassung
mehr, nach jenem Dorfe zu wandern. — Da, als
ich selbst schon in meiner Vaterstadt wohnhaft
war, geschah es, daß ich für den Sohn eines
Verwandten ein Schülerquartier bei guten Bür=
gersleuten zu besorgen hatte. Der eigenen Jugend=
zeit gedenkend, schlenderte ich im Nachmittags=
sonnenscheine durch die Straßen, als mir an der
Ecke des Marktes über der Thür eines alten,

2*

hochgegiebelten Hauſes eine plattdeutſche Inſchrift
in die Augen fiel, die verhochdeutſcht etwa lauten
würde:

Gleich ſo wie Rauch und Staub verſchwindt,
Alſo ſind auch die Menſchenkind'.

Die Worte mochten für jugendliche Augen
wohl nicht ſichtbar ſein; denn ich hatte ſie nie
bemerkt, ſo oft ich auch in meiner Schulzeit mir
einen Heißewecken bei dem dort wohnenden Bäcker
geholt hatte. Faſt unwillkürlich trat ich in das
Haus; und in der That, es fand ſich hier ein
Unterkommen für den jungen Vetter. Die Stube
ihrer alten „Mödderſch" (Mutterſchweſter) — ſo
ſagte mir der freundliche Meiſter —, von der ſie
Haus und Betrieb geerbt hätten, habe ſeit Jahren
leer geſtanden; ſchon lange hätten ſie ſich einen
jungen Gaſt dafür gewünſcht.

Ich wurde eine Treppe hinaufgeführt, und
wir betraten dann ein ziemlich niedriges, alter=

thümlich ausgestattetes Zimmer, dessen beide
Fenster mit ihren kleinen Scheiben auf den ge=
räumigen Marktplatz hinausgingen. Früher, er=
zählte der Meister, seien zwei uralte Linden vor
der Thür gewesen; aber er habe sie schlagen
lassen, da sie allzusehr ins Haus gedunkelt und
auch hier die schöne Aussicht ganz verdeckt hätten.

Ueber die Bedingungen wurden wir bald in
allen Theilen einig; während wir dann aber noch
über die jetzt zu treffende Einrichtung des Zim=
mers sprachen, war mein Blick auf ein im
Schatten eines Schrankes hängendes Oelgemälde
gefallen, das plötzlich meine ganze Aufmerksam=
keit hinwegnahm. Es war noch wohl erhalten
und stellte einen älteren, ernst und milde blicken=
den Mann dar, in einer dunklen Tracht, wie in
der Mitte des siebzehnten Jahrhunderts sie die=
jenigen aus den vornehmeren Ständen zu tragen
pflegten, welche sich mehr mit Staatssachen oder

gelehrten Dingen, als mit dem Kriegshandwerke
beschäftigten.

Der Kopf des alten Herrn, so schön und an=
ziehend und so trefflich gemalt er immer sein
mochte, hatte indessen nicht diese Erregung in
mir hervorgebracht; aber der Maler hatte ihm
einen blassen Knaben in den Arm gelegt, der in
seiner kleinen schlaff herabhängenden Hand eine
weiße Wasserlilie hielt; — und diesen Knaben
kannte ich ja längst. Auch hier war es wohl
der Tod, der ihm die Augen zugedrückt hatte.

„Woher ist dieses Bild?" frug ich endlich, da
mir plötzlich bewußt wurde, daß der vor mir
stehende Meister mit seiner Auseinandersetzung
innegehalten hatte.

Er sah mich verwundert an. „Das alte
Bild? Das ist von unserer Möddersch," erwi=
derte er, „es stammt von ihrem Urgroßonkel,
der ein Maler gewesen und vor mehr als hun=

dert Jahren hier gewohnt hat. Es sind noch
andre Siebensachen von ihm da."

Bei diesen Worten zeigte er nach einer kleinen
Lade von Eichenholz, auf welcher allerlei geo=
metrische Figuren recht zierlich eingeschnitten
waren.

Als ich sie von dem Schranke, auf dem sie
stand, herunternahm, fiel der Deckel zurück, und
es zeigten sich mir als Inhalt einige stark ver=
gilbte Papierblätter mit sehr alten Schriftzügen.

„Darf ich die Blätter lesen?" frug ich.

„Wenn's Ihnen Plaisir macht," erwiderte
der Meister, „so mögen Sie die ganze Sache mit
nach Hause nehmen; es sind so alte Schriften;
Werth steckt nicht darin."

Ich aber erbat mir und erhielt auch die Er=
laubniß, diese werthlosen Schriften hier an Ort
und Stelle lesen zu dürfen; und während ich
mich dem alten Bilde gegenüber in einen mäch=

tigen Ohrenlehnstuhl setzte, verließ der Meister
das Zimmer, zwar immer noch erstaunt, doch
gleichwohl die freundliche Verheißung zurück=
lassend, daß seine Frau mich bald mit einer
guten Tasse Kaffee regaliren werde.

Ich aber las, und hatte im Lesen bald Alles
um mich her vergessen.

So war ich denn wieder daheim in unserm Holstenlande; am Sonntage Cantate war es anno 1661! — Mein Malgeräth und sonstiges Gepäcke hatte ich in der Stadt zurückgelassen und wanderte nun fröhlich fürbaß, die Straße durch den maiengrünen Buchenwald, der von der See ins Land hinaufsteigt. Vor mir her flogen ab und zu ein paar Waldvöglein und letzten ihren Durst an dem Wasser, so in den tiefen Rad= geleisen stund; denn ein linder Regen war gefallen über Nacht und noch gar früh am Vormittage, so daß die Sonne den Waldesschatten noch nicht überstiegen hatte.

Der helle Drosselschlag, der von den Lich=
tungen zu mir scholl, fand seinen Widerhall in
meinem Herzen. Durch die Bestellungen, so mein
theurer Meister van der Helst im letzten Jahre
meines Amsterdamer Aufenthalts mir zugewendet,
war ich aller Sorge quitt geworden; einen guten
Zehrpfennig und einen Wechsel auf Hamburg
trug ich noch itzt in meiner Taschen; dazu war
ich stattlich angethan: mein Haar fiel auf ein
Mäntelchen mit feinem Grauwerk, und der Lüt=
ticher Degen fehlte nicht an meiner Hüfte.

Meine Gedanken aber eilten mir voraus;
immer sah ich Herrn Gerhardus, meinen edlen
großgünstigen Protector, wie er von der Schwelle
seines Zimmers mir die Hände würd' entgegen=
strecken, mit seinem milden Gruße: „So segne
Gott Deinen Eingang, mein Johannes!"

Er hatte einst mit meinem lieben, ach, gar
zu früh in die ewige Herrlichkeit genommenen

Vater zu Jena die Rechte studiret und war auch
nachmals den Künsten und Wissenschaften mit
Fleiße obgelegen, so daß er dem Hochseligen
Herzog Friedrich bei seinem edlen, wiewohl wegen
der Kriegsläufte vergeblichen Bestreben um Er-
richtung einer Landesuniversität ein einsichtiger
und eifriger Berather gewesen. Obschon ein
adeliger Mann, war er meinem lieben Vater
doch stets in Treuen zugethan blieben, hatte auch
nach dessen seligem Hintritt sich meiner ver-
waiseten Jugend mehr, als zu verhoffen, angenommen und nicht allein meine sparsamen Mittel
aufgebessert, sondern auch durch seine fürnehme
Bekanntschaft unter dem Holländischen Adel es
dahin gebracht, daß mein theurer Meister van
der Helst mich zu seinem Schüler angenommen.

Meinte ich doch zu wissen, daß der verehrte
Mann unversehrt auf seinem Herrenhofe sitze;
wofür dem Allmächtigen nicht genug zu danken;

denn, derweilen ich in der Fremde mich der
Kunst befliſſen, war daheim die Kriegsgreuel
über das Land gekommen; ſo zwar, daß die
Truppen, die gegen den kriegswüthigen Schweden
dem Könige zum Beiſtand hergezogen, faſt ärger
als die Feinde ſelbſt gehauſet, ja ſelbſt der
Diener Gottes mehrere in jämmerlichen Tod
gebracht. Durch den plötzlichen Hintritt des
Schwediſchen Carolus war nun zwar Friede;
aber die grauſamen Stapfen des Krieges lagen
überall; manch' Bauern= oder Käthnerhaus, wo
man mich als Knaben mit einem Trunke ſüßer
Milch bewirthet, hatte ich auf meiner Morgen=
wanderung niedergeſengt am Wege liegen ſehen
und manches Feld in ödem Unkraut, darauf
ſonſt um dieſe Zeit der Roggen ſeine grünen
Spitzen trieb.

Aber ſolches beſchwerte mich heut nicht all=
zuſehr; ich hatte nur Verlangen, wie ich dem

edlen Herrn durch meine Kunst beweisen möchte,
daß er Gab' und Gunst an keinen Unwürdigen
verschwendet habe; dachte auch nicht an Strolche
und verlaufen Gesindel, das vom Kriege her
noch in den Wäldern Umtrieb halten sollte.
Wohl aber tückete mich ein Anderes, und das
war der Gedanke an den Junker Wulf. Er
war mir nimmer hold gewesen, hatte wohl gar,
was sein edler Vater an mir gethan, als einen
Diebstahl an ihm selber angesehen; und manches
Mal, wenn ich, wie öfters nach meines lieben
Vaters Tode, im Sommer die Vacanz auf dem
Gute zubrachte, hatte er mir die schönen Tage
vergället und versalzen. Ob er anitzt in seines
Vaters Hause sei, war mir nicht kund geworden,
hatte nur vernommen, daß er noch vor dem
Friedensschlusse bei Spiel und Becher mit den
Schwedischen Offiziers Verkehr gehalten, was
mit rechter Holstentreue nicht zu reimen ist.

Indem ich dieß bei mir erwog, war ich aus
dem Buchenwalde in den Richtsteig durch das
Tannenhölzchen geschritten, das schon dem Hofe
nahe liegt. Wie liebliche Erinnerung umhauchte
mich der Würzeduft des Harzes; aber bald trat
ich aus dem Schatten in den vollen Sonnenschein
hinaus; da lagen zu beiden Seiten die mit
Haselbüschen eingehegten Wiesen, und nicht lange,
so wanderte ich zwischen den zwo Reihen gewal=
tiger Eichbäume, die zum Herrensitz hinaufführen.

Ich weiß nicht, was für ein bang' Gefühl
mich plötzlich überkam, ohn' alle Ursach', wie ich
derzeit dachte; denn es war eitel Sonnenschein
umher, und vom Himmel herab klang ein gar
herzlich und ermunternd Lerchensingen. Und siehe,
dort auf der Koppel, wo der Hofmann seinen
Immenhof hat, stand ja auch noch der alte Holz=
birnenbaum und flüsterte mit seinen jungen
Blättern in der blauen Luft.

„Grüß dich Gott!" sagte ich leis, gedachte
dabei aber weniger des Baumes, als vielmehr
des holden Gottesgeschöpfes, in dem, wie es sich
nachmals fügen mußte, all' Glück und Leid, und
auch all' nagende Buße meines Lebens beschlossen
sein sollte, für jetzt und alle Zeit. Das war des
edlen Herrn Gerhardus Töchterlein, des Junkers
Wulfen einzig Geschwister.

Item, es war bald nach meines lieben Vaters
Tode, als ich zum ersten Mal die ganze Vacanz
hier verbrachte; sie war derzeit ein neunjährig
Dirnlein, die ihre braunen Zöpfe lustig fliegen
ließ; ich zählte um ein paar Jahre weiter. So
trat ich eines Morgens aus dem Thorhaus; der
alte Hofmann Dietrich, der ober der Einfahrt
wohnt, und neben dem als einem getreuen Mann
mir mein Schlafkämmerlein eingeräumt war,
hatte mir einen Eschenbogen zugerichtet, mir auch
die Bolzen von tüchtigem Blei dazu gegossen,

und ich wollte nun auf die Raubvögel, deren
genug bei dem Herrenhaus umherschrieen; da
kam sie vom Hofe auf mich zugesprungen.

„Weißt Du, Johannes," sagte sie; „ich zeig'
Dir ein Vogelnest; dort in dem hohlen Birn=
baum; aber das sind Rothschwänzchen, die darfst
Du ja nicht schießen!"

Damit war sie schon wieder vorausgesprungen;
doch eh' sie noch dem Baum auf zwanzig Schritte
nah' gekommen, sah ich sie jählings stille stehn.
„Der Buhz, der Buhz!" schrie sie und schüttelte
wie entsetzt ihre beiden Händlein in der Luft.

Es war aber ein großer Waldkauz, der ober
dem Loche des hohlen Baumes saß und hinab=
schauete, ob er ein ausfliegend Vögelein erhaschen
möge. „Der Buhz, der Buhz!" schrie die Kleine
wieder. „Schieß, Johannes, schieß!" — Der
Kauz aber, den die Freßgier taub gemacht, saß
noch immer und stierte in die Höhlung. Da

spannte ich meinen Eschenbogen und schoß, daß
das Raubthier zappelnd auf dem Boden lag;
aus dem Baume aber schwang sich ein zwit=
schernd Vöglein in die Luft.

Seit der Zeit waren Katharina und ich zwei
gute Gesellen miteinander; in Wald und Garten,
wo das Mägdlein war, da war auch ich. Darob
aber mußte mir gar bald ein Feind erstehen;
das war Kurt von der Risch, dessen Vater eine
Stunde davon auf seinem reichen Hofe saß. In
Begleitung seines gelahrten Hofmeisters, mit
dem Herr Gerhardus gern der Unterhaltung pflag,
kam er oftmals auf Besuch; und da er jünger
war, als Junker Wulf, so war er wohl auf mich
und Katharinen angewiesen; insonders aber schien
das braune Herrentöchterlein ihm zu gefallen.
Doch war das schier umsonst; sie lachte nur über
seine krumme Vogelnase, die ihm, wie bei fast
Allen des Geschlechtes, unter buschigem Haupt=

haar zwischen zwo merklich runden Augen saß.
Ja, wenn sie seiner nur von fern gewahrte, so
reckte sie wohl ihr Köpfchen vor und rief: „Jo=
hannes, der Buhz! der Buhz!" Dann versteckten
wir uns hinter den Scheunen oder rannten wohl
auch spornstreichs in den Wald hinein, der sich
in einem Bogen um die Felder und danach wieder
dicht an die Mauern des Gartens hinanzieht.

Darob, als der von der Risch deß inne
wurde, kam es oftmals zwischen uns zum Haar=
raufen, wobei jedoch, da er mehr hitzig denn stark
war, der Vortheil meist in meinen Händen blieb.

Als ich, um von Herrn Gerhardus Urlaub zu
nehmen, vor meiner Ausfahrt in die Fremde
zum letzten Mal, jedoch nur kurze Tage, hier
verweilte, war Katharina schon fast wie eine
Jungfrau; ihr braunes Haar lag itzt in einem
goldnen Netz gefangen; in ihren Augen, wenn
sie die Wimpern hob, war oft ein spielend

Leuchten, das mich schier beklommen machte.
Auch war ein alt' gebrechlich Fräulein ihr zur
Obhut beigegeben, so man im Hause nur „Baß'
Ursel" nannte; sie ließ das Kind nicht aus den
Augen und ging überall mit einer langen Trico=
tage neben ihr.

Als ich so eines Octobernachmittags im Schat=
ten der Gartenhecken mit Beiden auf und ab
wandelte, kam ein lang aufgeschossener Gesell,
mit spitzenbesetztem Lederwamms und Federhut
ganz à la mode gekleidet, den Gang zu uns
herauf; und siehe da, es war der Junker Kurt,
mein alter Widersacher. Ich merkte allsogleich,
daß er noch immer bei seiner schönen Nachbarin
zu Hofe ging; auch, daß insonders dem alten
Fräulein solches zu gefallen schien. Das war
ein „Herr Baron" auf alle Frag' und Antwort;
dabei lachte sie höchst obligeant mit einer widrig
feinen Stimme und hob die Nase unmäßig in

die Luft; mich aber, wenn ich ja ein Wort da=
zwischen gab, nannte sie stetig „Er" oder kurz=
weg auch „Johannes", worauf der Junker dann
seine runden Augen einkniff und im Gegentheile
that, als sähe er auf mich herab, obschon ich
ihn um halben Kopfes Länge überragte.

Ich blickte auf Katharinen; die aber kümmerte
sich nicht um mich, sondern ging sittig neben
dem Junker, ihm manierlich Red' und Antwort
gebend; den kleinen rothen Mund aber verzog
mitunter ein spöttisch stolzes Lächeln, so daß ich
dächte: „Getröste Dich, Johannes; der Herren=
sohn schnellt itzo Deine Wage in die Luft!"
Trotzig blieb ich zurück und ließ die andern
Drei vor mir gehen. Als aber diese in das
Haus getreten waren und ich davor noch an
Herrn Gerhardus' Blumenbeeten stand, darüber
brütend, wie ich, gleich wie vormals, mit dem
von der Risch ein tüchtig Haarraufen beginnen

möchte, kam plötzlich Katharina wieder zurück-
gelaufen, riß neben mir eine Aster von den
Beeten und flüsterte mir zu: „Johannes, weißt
Du was? Der Buhz sieht einem jungen Adler
gleich; Bas' Ursel hat's gesagt!" Und fort war
sie wieder, eh' ich mich's versah. Mir aber
war auf einmal all' Trotz und Zorn wie weg-
geblasen. Was kümmerte mich itzund der Herr
Baron! Ich lachte hell und fröhlich in den
güldnen Tag hinaus; denn bei den übermüthi-
gen Worten war wieder jenes süße Augenspiel
gewesen. Aber dies Mal hatte es mir gerad'
ins Herz geleuchtet.

Bald danach ließ mich Herr Gerhardus auf
sein Zimmer rufen; er zeigte mir auf einer
Karte noch einmal, wie ich die weite Reise
nach Amsterdam zu machen habe, übergab mir
Briefe an seine Freunde dort und sprach dann
lange mit mir, als meines lieben seligen Vaters

Freund. Denn noch selbigen Abends hatte ich zur
Stadt zu gehen, von wo ein Bürger mich auf
seinem Wagen mit nach Hamburg nehmen wollte.

Als nun der Tag hinabging, nahm ich Ab=
schied. Unten im Zimmer saß Katharina an
einem Stickrahmen; ich mußte der Griechischen
Helena gedenken, wie ich sie jüngst in einem
Kupferwerk gesehen; so schön erschien mir der
junge Nacken, den das Mädchen eben über ihre
Arbeit neigte. Aber sie war nicht allein; ihr
gegenüber saß Bas' Ursel und las laut aus
einem französischen Geschichtenbuche. Da ich
näher trat, hob sie die Nase nach mir zu: „Nun,
Johannes," sagte sie, „Er will mir wohl Ade
sagen! So kann Er auch dem Fräulein gleich
seine Reverenze machen!" — Da war schon
Katharina von ihrer Arbeit aufgestanden; aber,
indem sie mir die Hand reichte, traten die
Junker Wulf und Kurt mit großem Geräusch

ins Zimmer; und sie sagte nur: „Lebwohl,
Johannes!" Und so ging ich fort.

Im Thorhaus drückte ich dem alten Dieterich
die Hand, der Stab und Ranzen schon für mich
bereit hielt; dann wanderte ich zwischen den
Eichbäumen auf die Waldstraße zu. Aber mir
war dabei, als könne ich nicht recht fort, als
hätt' ich einen Abschied noch zu Gute, und
stand oft still und schaute hinter mich. Ich
war auch nicht den Richtweg durch die Tannen,
sondern, wie von selber, den viel weiteren auf
der großen Fahrstraße hingewandert. Aber
schon kam vor mir das Abendroth überm Wald
herauf, und ich mußte eilen, wenn mich die
Nacht nicht überfallen sollte. „Ade, Katharina,
ade!" sagte ich leise und setzte rüstig meinen
Wanderstab in Gang.

Da, an der Stelle, wo der Fußsteig in die
Straße mündet — in stürmender Freude stund

das Herz mir still — plötzlich aus dem Tannen-
dunkel war sie selber da; mit glühenden Wangen
kam sie hergelaufen, sie sprang über den trocknen
Weggraben, daß die Fluth des seidenbraunen
Haars dem güldnen Netz entstürzte; und so
fing ich sie in meinen Armen auf. Mit glän-
zenden Augen, noch mit dem Odem ringend,
schaute sie mich an. „Ich — ich bin ihnen fort-
gelaufen!" stammelte sie endlich; und dann, ein
Päckchen in meine Hand drückend, fügte sie leis
hinzu: „Von mir, Johannes! Und Du sollst es
nicht verachten!" Auf einmal aber wurde ihr
Gesichtchen trübe; der kleine schwellende Mund
wollte noch was reden, aber da brach ein
Thränenquell aus ihren Augen, und wehmüthig
ihr Köpfchen schüttelnd, riß sie sich hastig los.
Ich sah ihr Kleid im finstern Tannensteig verschwinden; dann in der Ferne hört' ich noch
die Zweige rauschen, und dann stand ich allein.

Es war so still, die Blätter konnte man fallen
hören. Als ich das Päckchen aus einander
faltete, da war's ihr güldner Pathenpfennig,
so sie mir oft gezeigt hatte; ein Zettlein lag
dabei, das las ich nun beim Schein des Abend-
rothes. „Damit Du nicht in Noth gerathest,"
stund darauf geschrieben. — Da streckt' ich
meine Arme in die leere Luft: „Ade, Katharina,
ade, ade!" wohl hundert Mal rief ich es in den
stillen Wald hinein; — und erst mit sinkender
Nacht erreichte ich die Stadt.

— — Seitdem waren fast fünf Jahre dahin-
gegangen. — Wie würd' ich heute Alles wieder-
finden?

Und schon war ich am Thorhaus, und sah
drunten im Hof die alten Linden, hinter deren
lichtgrünem Laub die beiden Zackengiebel des
Herrenhauses itzt verborgen lagen. Als ich
aber durch den Thorweg gehen wollte, jagten

vom Hofe her zwei fahlgraue Bullenbeißer mit
Stachelhalsbändern gar wild gegen mich heran;
sie erhuben ein erschreckliches Geheul und der
eine sprang auf mich und fletschete seine weißen
Zähne dicht vor meinem Antlitz. Solch' einen
Willkommen hatte ich noch niemalen hier
empfangen. Da, zu meinem Glück, rief aus
den Kammern ober dem Thore eine rauhe,
aber mir gar traute Stimme: „Halloh!" rief
sie; „Tartar, Türk!" Die Hunde ließen von
mir ab, ich hörte es die Stiege herabkommen,
und aus der Thür, so unter dem Thorgang
war, trat der alte Dieterich.

Als ich ihn anschaute, sah ich wohl, daß ich
lang in der Fremde gewesen sei: denn sein
Haar war schloweiß geworden und seine sonst
so lustigen Augen blickten gar matt und be=
trübsam auf mich hin. „Herr Johannes!" sagte
er endlich und reichte mir seine beiden Hände.

„Grüß ihn Gott, Dieterich!" entgegnete ich.
„Aber seit wann haltet Ihr solche Bluthunde
auf dem Hof, die die Gäste anfallen gleich den
Wölfen?"

„Ja, Herr Johannes," sagte der Alte, „die
hat der Junker hergebracht."

„Ist denn der daheim?"

Der Alte nickte.

„Nun," sagte ich; „die Hunde mögen schon
vonnöthen sein; vom Krieg her ist noch viel
verlaufen Volk zurückgeblieben."

„Ach, Herr Johannes!" Und der alte Mann
stund immer noch, als wolle er mich nicht zum
Hof hinauflassen. „Ihr seid in schlimmer Zeit
gekommen!"

Ich sah ihn an, sagte aber nur: „Freilich,
Dieterich; aus mancher Fensterhöhlung schaut
statt des Bauern itzt der Wolf heraus; hab'
dergleichen auch gesehen; aber es ist ja Frieden

worden, und der gute Herr im Schloß wird
helfen, seine Hand ist offen."

Mit diesen Worten wollte ich, obschon die
Hunde mich wieder anknurreten, auf den Hof
hinausgehen; aber der Greis trat mir in den
Weg. „Herr Johannes," rief er, „ehe Ihr
weiter gehet, hört mich an! Euer Brieflein ist
zwar richtig mit der Königlichen Post von
Hamburg kommen; aber den rechten Leser hat
es nicht mehr finden können."

„Dieterich!" schrie ich. „Dieterich!"

„— Ja, ja, Herr Johannes! Hier ist die
gute Zeit vorbei; denn unser theurer Herr
Gerhardus liegt aufgebahret dort in der Ka=
pellen, und die Gueridons brennen an seinem
Sarge. Es wird nun anders werden auf dem
Hofe; aber — ich bin ein höriger Mann, mir
ziemet Schweigen."

Ich wollte fragen: „Ist das Fräulein, ist

Katharina noch im Hause?" Aber das Wort
wollte nicht über meine Zunge.

Drüben, in einem hinteren Seitenbau des
Herrenhauses war eine kleine Kapelle, die aber,
wie ich wußte, seit lange nicht benutzt war.
Dort also sollte ich Herrn Gerhardus suchen.

Ich frug den alten Hofmann: „Ist die Kapelle offen?" und als er es bejahete, bat ich
ihn, die Hunde anzuhalten; dann ging ich über
den Hof, wo Niemand mir begegnete; nur
einer Grasmücke Singen kam oben aus den
Lindenwipfeln.

Die Thür zur Kapellen war nur angelehnt,
und leis und gar beklommen trat ich ein. Da
stund der offene Sarg, und die rothe Flamme
der Kerzen warf ihr flackernd Licht auf das
edle Antlitz des geliebten Herrn; die Fremdheit
des Todes, so darauf lag, sagte mir, daß er
itzt eines andern Land's Genosse sei. Indem

ich aber neben dem Leichnam zum Gebete hin=
knieen wollte, erhub sich über den Rand des
Sarges mir gegenüber ein junges blasses Ant=
litz, das aus schwarzen Schleiern fast erschrocken
auf mich schaute.

Aber nur, wie ein Hauch verweht, so blickten
die braunen Augen herzlich zu mir auf und es
war fast wie ein Freudenruf: „O, Johannes,
seid Ihr's denn! Ach, Ihr seid zu spät ge=
kommen!“ Und über dem Sarge hatten unsere
Hände sich zum Gruß gefaßt; denn es war
Katharina, und sie war so schön geworden,
daß hier im Angesicht des Todes ein heißer
Puls des Lebens mich durchfuhr. Zwar, das
spielende Licht der Augen lag itzt zurückgeschrecket
in der Tiefe; aber aus dem schwarzen Häub=
chen drängten sich die braunen Löcklein, und
der schwellende Mund war um so röther in
dem blassen Antlitz.

Und faſt verwirret auf den Todten ſchauend
ſprach ich: „Wohl kam ich in der Hoffnung, an
ſeinem lebenden Bilde ihm mit meiner Kunſt
zu danken, ihm manche Stunde gegenüber zu
ſitzen und ſein mild und lehrreich Wort zu
hören. Laßt mich denn nun die bald ver-
gehenden Züge feſtzuhalten ſuchen.“

Und als ſie unter Thränen, die über ihre
Wangen ſtrömten, ſtumm zu mir hinüber nickte,
ſetzte ich mich in ein Geſtühlte und begann auf
einem von den Blättchen, die ich bei mir führte
des Todten Antlitz nachzubilden. Aber meine
Hand zitterte; ich weiß nicht, ob alleine vor
der Majeſtät des Todes.

Während dem vernahm ich draußen vom
Hofe her eine Stimme, die ich für die des
Junker Wulf erkannte, gleich danach ſchrie ein
Hund wie nach einem Fußtritt oder Peitſchen-
hiebe; und dann ein Lachen und einen Fluch

von einer andern Stimme, die mir gleicherweise bekannt deuchte.

Als ich auf Katharinen blickte, sah ich sie mit schier entsetzten Augen nach dem Fenster starren; aber die Stimmen und die Schritte gingen vorüber. Da erhub sie sich, kam an meine Seite und sahe zu, wie des Vaters Antlitz unter meinem Stift entstund. Nicht lange, so kam draußen ein einzelner Schritt zurück; in demselben Augenblick legte Katharina die Hand auf meine Schulter und ich fühlte, wie ihr junger Körper bebte.

Sogleich auch wurde die Kapellenthür aufgerissen und ich erkannte den Junker Wulf, obschon sein sonsten bleiches Angesicht itzt roth und aufgedunsen schien.

„Was huckst Du allfort an dem Sarge!" rief er zu der Schwester. „Der Junker von der Risch ist da gewesen, uns seine Condolenze

zu bezeigen! Du hätteſt ihm wohl den Trunk
kredenzen mögen!"

Zugleich hatte er meiner wahrgenommen und
bohrete mich mit ſeinen kleinen Augen an. —
„Wulf," ſagte Katharina, indem ſie mit mir
zu ihm trat; „es iſt Johannes, Wulf."

Der Junker fand nicht vonnöthen, mir die
Hand zu reichen; er muſterte nur mein violen-
farben Wamms und meinte: „Du trägſt da
einen bunten Federbalg; man wird Dich ‚Sieur'
nun tituliren müſſen!"

„Nennt mich, wie's Euch gefällt!" ſagte ich,
indem wir auf den Hof hinaustraten. „Obſchon
mir dorten, von wo ich komme, das ‚Herr' vor
meinem Namen nicht gefehlet, — Ihr wißt wohl,
Eures Vaters Sohn hat großes Recht an mir."

Er ſah mich was verwundert an, ſagte dann
aber nur: „Nun wohl, ſo magſt Du zeigen, was
Du für meines Vaters Gold erlernet haſt; und

soll dazu der Lohn für Deine Arbeit Dir nicht
verhalten sein."

Ich meinete, was den Lohn anginge, den
hätte ich längst voraus bekommen; da aber der
Junker entgegnete, er werd' es halten, wie sich's
für einen Edelmann gezieme, so frug ich, was
für Arbeit er mir aufzutragen hätte.

„Du weißt doch," sagte er, und hielt dann
inne, indem er scharf auf seine Schwester blickte
— „wenn eine adelige Tochter das Haus ver-
läßt, so muß ihr Bild darin zurückbleiben."

Ich fühlte, daß bei diesen Worten Katharina,
die an meiner Seite ging, gleich einer Taumeln-
den nach meinem Mantel haschte; aber ich entgegnete ruhig: „Der Brauch ist mir bekannt;
doch, wie meinet Ihr denn, Junker Wulf?"

„Ich meine," sagte er hart, als ob er einen
Gegenspruch erwarte; „daß Du das Bildniß der
Tochter dieses Hauses malen sollst!"

Mich durchfuhr's fast wie ein Schrecken; weiß nicht, ob mehr über den Ton oder die Deutung dieser Worte; dachte auch, zu solchem Beginnen sei itzt kaum die rechte Zeit.

Da Katharina schwieg, aus ihren Augen aber ein flehentlicher Blick mir zuflog, so antwortete ich: „Wenn Eure edle Schwester es mir vergönnen will, so hoffe ich Eueres Vaters Protection und meines Meisters Lehre keine Schande anzuthun. Räumet mir nur wieder mein Kämmerlein ober dem Thorweg bei dem alten Dieterich, so soll geschehen, was Ihr wünschet."

Der Junker war das zufrieden, und sagte auch seiner Schwester, sie möge einen Imbiß für mich richten lassen.

Ich wollte über den Beginn meiner Arbeit noch eine Frage thun; aber ich verstummte wieder, denn über den empfangenen Auftrag war plötzlich eine Entzückung in mir aufgestiegen,

4*

daß ich fürchtete, sie könne mit jedem Wort her=
vorbrechen. So war ich auch der zwo grimmen
Köter nicht gewahr worden, die dort am Brun=
nen sich auf den heißen Steinen sonnten. Da
wir aber näher kamen, sprangen sie auf und
fuhren mit offenem Rachen gegen mich, daß Ka=
tharina einen Schrei that, der Junker aber einen
schrillen Pfiff, worauf sie heulend ihm zu Füßen
krochen. „Beim Höllenelemente,“ rief er lachend,
„zwo tolle Kerle; gilt ihnen gleich, ein Sau=
schwanz oder Flandrisch Tuch!“

„Nun, Junker Wulf,“ — ich konnte der Rede
mich nicht wohl enthalten — „soll ich noch ein=
mal Gast in Eueres Vaters Hause sein, so möget
Ihr Euere Thiere bessere Sitte lehren!“

Er blitzte mich mit seinen kleinen Augen an
und riß sich ein paar Mal in seinen Zwickelbart.
„Das ist nur so ihr Willkommsgruß, Sieur Jo=
hannes;“ sagte er dann, indem er sich bückte,

um die Bestien zu streicheln. „Damit Jedweder
wisse, daß ein ander Regiment allhier begonnen;
denn — wer mir in die Quere kommt, den hetz'
ich in des Teufels Rachen!"

Bei den letzten Worten, die er heftig aus=
gestoßen, hatte er sich hoch aufgerichtet; dann
pfiff er seinen Hunden und schritt über den Hof
dem Thore zu.

Ein Weilchen schaute ich hinterdrein; dann
folgte ich Katharinen, die unter dem Linden=
schatten stumm und gesenkten Hauptes die Frei=
treppe zu dem Herrenhaus emporstieg; eben so
schweigend gingen wir mitsammen die breiten
Stufen in das Oberhaus hinauf, allwo wir in
des seligen Herrn Gerhardus Zimmer traten. —
Hier war noch Alles, wie ich es vordem gesehen;
die goldgeblümten Ledertapeten, die Karten an
der Wand, die saubern Pergamentbände auf den
Regalen, über dem Arbeitstische der schöne Wald=

grund von dem älteren Ruysdael — und dann
davor der leere Sessel. Meine Blicke blieben
daran haften; gleich wie drunten in der Kapellen
der Leib des Entschlafenen, so schien auch dieß
Gemach mir itzt entseelet, und, obschon vom
Walde draußen der junge Lenz durchs Fenster
leuchtete, doch gleichsam von der Stille des
Todes wie erfüllet.

Ich hatte auch Katharinen in diesem Augen=
blicke fast vergessen. Da ich mich umwandte,
stand sie schier reglos mitten in dem Zimmer,
und ich sah, wie unter den kleinen Händen, die
sie darauf gepreßt hielt, ihre Brust in ungestümer
Arbeit ging. „Nicht wahr," sagte sie leise,
„hier ist itzt Niemand mehr; Niemand, als mein
Bruder und seine grimmen Hunde?"

„Katharina!" rief ich; „was ist Euch? Was
ist das hier in Eueres Vaters Haus?"

„Was es ist, Johannes?" und fast wild er=

griff sie meine beiden Hände; und ihre jungen
Augen sprühten wie in Zorn und Schmerz.

„Nein, nein; laß erst den Vater in seiner
Gruft zur Ruhe kommen! Aber dann — Du
sollst mein Bild ja malen, Du wirst eine Zeit
lang hier verweilen — dann, Johannes, hilf
mir; um des Todten willen, hilf mir!"

Auf solche Worte, von Mitleid und von Liebe
ganz bezwungen, fiel ich vor der Schönen,
Süßen nieder und schwur ihr mich und alle
meine Kräfte zu. Da lösete sich ein sanfter
Thränenquell aus ihren Augen, und wir saßen
neben einander und sprachen lange zu des Ent=
schlafenen Gedächtniß.

Als wir sodann wieder in das Unterhaus
hinabgingen, frug ich auch dem alten Fräulein
nach.

„O," sagte Katharina, „Bas' Ursel? Wollt
Ihr sie begrüßen? Ja, die ist auch noch da;

sie hat hier unten ihr Gemach; denn die Treppen
sind ihr schon längsthin zu beschwerlich."

Wir traten also in ein Stübchen, das gegen
den Garten lag, wo auf den Beeten vor den
grünen Heckenwänden so eben die Tulpen aus
der Erde brachen. Bas' Ursel saß, in der schwarzen
Tracht und Krebbhaube nur wie ein schwindend
Häufchen anzuschauen, in einem hohen Sessel und
hatte ein Nonnenspielchen vor sich, das, wie sie
nachmals mir erzählte, der Herr Baron — nach
seines Vaters Ableben war er solches itzund wirklich — ihr aus Lübeck zur Verehrung mitgebracht.

„So," sagte sie, da Katharina mich genannt
hatte, indeß sie behutsam die helfenbeinern Pflöcklein umeinander steckte, „ist Er wieder da, Johannes? — Nein, es geht nicht aus! Oh, c'est
un jeu très compliqué!"

Dann warf sie die Pflöcklein übereinander
und schaute mich an. „Ei," meinte sie; „Er ist

gar stattlich angethan; aber weiß Er denn nicht,
daß Er in ein Trauerhaus getreten ist?"

„Ich weiß es, Fräulein," entgegnete ich; „aber
da ich in das Thor trat, wußte ich es nicht."

„Nun," sagte sie und nickte gar begütigend;
„so eigentlich gehört Er ja auch nicht zur Diener-
schaft."

Ueber Katharinens blasses Antlitz flog ein
Lächeln, wodurch ich mich jeder Antwort wohl
enthoben halten mochte. Vielmehr rühmte ich
der alten Dame die Anmuth ihres Wohngemaches;
denn auch der Epheu von dem Thürmchen, das
draußen an der Mauer aufstieg, hatte sich nach
dem Fenster hingesponnen und wiegete seine
grünen Ranken vor den Scheiben.

Aber Bas' Ursel meinete, ja, wenn nur nicht
die Nachtigallen wären, die itzt schon wieder an-
hüben mit ihrer Nachtunruhe; sie könne ohnedem
den Schlaf nicht finden; und dann auch sei es

schier zu abgelegen; das Gesinde sei von hier
aus nicht im Aug' zu halten; im Garten draußen
aber passire eben nichts, als etwan, wann der
Gärtnerbursche an den Hecken oder Buxrabatten
putze.

— Und damit hatte der Besuch seine End=
schaft; denn Katharina mahnte, es sei nachgerade
an der Zeit, meinen wegemüden Leib zu stärken.

Ich war nun in meinem Kämmerchen ober dem Hofthor einlogirt, dem alten Dieterich zur sondern Freude; denn am Feyerabend saßen wir auf seiner Tragkist', und ließ ich mir, gleichwie in der Knabenzeit, von ihm erzählen. Er rauchte dann wohl eine Pfeife Tabak, welche Sitte durch das Kriegsvolk auch hier in Gang gekommen war, und holte allerlei Geschichten aus den Drangsalen, so sie durch die fremden Truppen auf dem Hof und unten in dem Dorfe hatten leiden müssen; einmal aber, da ich seine Rede auf das gute Frölen Katharina gebracht und er erst nicht hatt' ein Ende finden können, brach er gleichwohl plötzlich ab und schauete mich an.

„Wisset Ihr, Herr Johannes," sagte er, „'s
ist grausam Schad', daß Ihr nicht auch ein
Wappen habet gleich dem von der Risch da
drüben!"

Und da solche Rede mir das Blut ins Ge=
sicht jagte, klopfte er mit seiner harten Hand
mir auf die Schulter, meinend: „Nun, nun,
Herr Johannes; 's war ein dummes Wort von
mir; wir müssen freilich bleiben, wo uns der
Herrgott hingesetzet."

Weiß nicht, ob ich derzeit mit Solchem ein=
verstanden gewesen, frug aber nur, was der von
der Risch denn itzund für ein Mann geworden.

Der Alte sah mich gar pfiffig an und paffte
aus seinem kurzen Pfeiflein, als ob das theure
Kraut am Feldrain wüchse. „Wollet Ihr's
wissen, Herr Johannes?" begann er dann. „Er
gehöret zu denen muntern Junkern, die im
Kieler Umschlag den Bürgersleuten die Knöpfe

von den Häusern schießen; Ihr möget glauben,
er hat treffliche Pistolen! Auf der Geigen weiß
er nicht so gut zu spielen; da er aber ein lustig
Stücklein liebt, so hat er letzthin den Raths-
musikanten, der überm Holstenthore wohnt, um
Mitternacht mit seinem Degen aufgeklopft, ihm
auch nicht Zeit gelassen, sich Wamms und Hosen
anzuthun. Statt der Sonnen stand aber der
Mond am Himmel, es war octavis trium regum,
und fror Pickelsteine; und hat also der Musikante,
den Junker mit dem Degen hinter sich, im
blanken Hemde vor ihm durch die Gassen geigen
müssen! — — Wollet Ihr mehr noch wissen,
Herr Johannes? — Zu Haus bei ihm freuen
sich die Bauern, wenn der Herrgott sie nicht
mit Töchtern gesegnet; und dennoch — — aber
seit seines Vaters Tode hat er Geld, und unser
Junker, Ihr wisset's wohl, hat schon vorher
von seinem Erbe aufgezehrt."

Ich wußte freilich nun genug; auch hatte
der alte Dieterich schon mit seinem Spruche:
‚Aber ich bin nur ein höriger Mann‘, seiner
Rede Schluß gemacht.

— — Mit meinem Malgeräth war auch
meine Kleidung aus der Stadt gekommen, wo
ich im goldenen Löwen Alles abgelegt, so daß
ich anitzt, wie es sich ziemte, in dunkler Tracht
einherging. Die Tagesstunden aber wandte ich
zunächst in meinen Nutzen. Nämlich, es befand
sich oben im Herrenhause neben des seligen Herrn
Gemach ein Saal, räumlich und hoch, dessen
Wände fast völlig von lebensgroßen Bildern
verhängt waren, so daß nur noch neben dem
Kamin ein Platz zu zweien offen stund. Es waren
das die Voreltern des Herrn Gerhardus, meist
ernst und sicher blickende Männer und Frauen,
mit einem Antlitz, dem man wohl vertrauen
konnte; er selbsten in kräftigem Mannesalter

und Katharinens frühverstorbene Mutter machten
dann den Schluß. Die beiden letzten Bilder
waren gar trefflich von unserem Landsmanne,
dem Eiderstedter Georg Ovens, in seiner kräf=
tigen Art gemalet; und ich suchte nun mit
meinem Pinsel die Züge meines edlen Beschützers
nachzuschaffen; zwar in verjüngtem Maaßstab
und nur mir selber zum Genügen; doch hat es
später zu einem größeren Bildniß mir gedienet,
das noch itzt hier in meiner einsamen Kammer
die theuerste Gesellschaft meines Alters ist. Das
Bildniß seiner Tochter aber lebt mit mir in
meinem Innern.

Oft, wenn ich die Palette hingelegt, stand ich
noch lange vor den schönen Bildern. Katharinens
Antlitz fand ich in dem der beiden Eltern wieder;
des Vaters Stirn, der Mutter Liebreiz um die
Lippen; wo aber war hier der harte Mund=
winkel, das kleine Auge des Junker Wulf? —

Das mußte tiefer aus der Vergangenheit her-
aufgekommen sein! Langsam ging ich die Reih'
der älteren Bildnisse entlang, bis über hundert
Jahre weit hinab. Und siehe, da hing im
schwarzen, von den Würmern schon zerfressenen
Holzrahmen ein Bild, vor dem ich schon als
Knabe, als ob's mich hielte, stillgestanden war.
Es stellte eine Edelfrau von etwa vierzig Jahren
vor; die kleinen grauen Augen sahen kalt und
stechend aus dem harten Antlitz, das nur zur
Hälfte zwischen dem weißen Kinntuch und der
Schleierhaube sichtbar wurde. Ein leiser Schauer
überfuhr mich vor der so lang schon heim-
gegangenen Seele; und ich sprach zu mir: „Hier,
diese ist's! Wie räthselhafte Wege geht die
Natur! Ein saeculum und drüber rinnt es heimlich wie unter einer Decke im Blute der Ge-
schlechter fort; dann, längst vergessen, taucht es
plötzlich wieder auf, den Lebenden zum Unheil.

Nicht vor dem Sohn des edlen Gerhardus;
vor dieser hier und ihres Blutes nachge=
borenem Sprößling soll ich Katharinen
schützen." Und wieder trat ich vor die beiden
jüngsten Bilder, an denen mein Gemüthe sich
erquickte.

So weilte ich derzeit in dem stillen Saale,
wo um mich nur die Sonnenstäublein spielten,
unter den Schatten der Gewesenen.

Katharinen sah ich nur beim Mittagstische,
das alte Fräulein und den Junker Wulf zur
Seiten; aber wofern Bas' Ursel nicht in ihren
hohen Tönen redete, so war es stets ein stumm
und betrübsam Mahl, so daß mir oft der Bissen
im Munde quoll. Nicht die Trauer um den
Abgeschiedenen war deß Ursach, sondern es lag
zwischen Bruder und Schwester, als sei das Tisch=
tuch durchgeschnitten zwischen ihnen. Katharina,
nachdem sie fast die Speisen nicht berührt, ent=

fernte sich allzeit bald, mich kaum nur mit den
Augen grüßend; der Junker aber, wenn ihm die
Laune stund, suchte mich dann beim Trunke fest-
zuhalten; hatte mich also hiegegen und, so ich
nicht hinaus wollte über mein gestecktes Maaß,
überdem wider allerart Flosculn zu wehren,
welche gegen mich gespitzet wurden.

Inzwischen, nachdem der Sarg schon mehrere
Tage geschlossen gewesen, geschahe die Beisetzung
des Herrn Gerhardus drunten in der Kirche des
Dorfes, allwo das Erbbegräbniß ist, und wo
itzt seine Gebeine bei denen seiner Voreltern
ruhen, mit denen der Höchste ihnen bereinst eine
fröhliche Urständ wolle bescheeren!

Es waren aber zu solcher Trauerfestlichkeit
zwar mancherlei Leute aus der Stadt und von den
umliegenden Gütern gekommen; von Angehörigen
aber fast wenige und auch diese nur entfernte,
maaßen der Junker Wulf der Letzte seines Stam-

mes war und des Herrn Gerhardus Ehgemahl
nicht hiesigen Geschlechts gewesen; darum es
auch geschahe, daß in der Kürze Alle wieder
abgezogen sind.

Der Junker drängte nun selbst, daß ich mein
aufgetragen Werk begönne, wozu ich droben in
dem Bildersaale an einem nach Norden zu be=
legenen Fenster mir schon den Platz erwählt
hatte. Zwar kam Bas' Ursel, die wegen ihrer
Gicht die Treppen nicht hinauf konnte, und
meinete, es möge am Besten in ihrer Stuben
oder im Gemach daran geschehen, so sei es uns
beiderseits zur Unterhaltung; ich aber, solcher
Gevatterschaft gar gern entrathend, hatte an der
dortigen Westsonne einen rechten Malergrund
dagegen, und konnte alles Reden ihr nicht nützen.
Vielmehr war ich am andern Morgen schon
dabei, die Nebenfenster des Saales zu ver=
hängen und die hohe Staffelei zu stellen, so

ich mit Hülfe Dieterichs mir selber in den letzten
Tagen angefertigt hatte.

Als ich eben den Blendrahmen mit der Leine=
wand darauf gelegt, öffnete sich die Thür aus
Herrn Gerhardus' Zimmer, und Katharina trat
herein. — Aus was für Ursach' wäre schwer zu
sagen; aber ich empfand, daß wir uns diesmal
fast erschrocken gegenüberstanden; aus der schwar=
zen Kleidung, die sie nicht abgeleget, schaute
das junge Antlitz in gar süßer Verwirrung zu
mir auf.

„Katharina," sagte ich, „Ihr wisset, ich soll
Euer Bildniß malen; duldet Ihr's auch gern?"

Da zog ein Schleier über ihre braunen Augen=
sterne und sie sagte leise: „Warum doch fragt
Ihr so, Johannes?"

Wie ein Thau des Glückes sank es in mein
Herz. „Nein, nein, Katharina! Aber sagt, was
ist, worin kann ich Euch dienen? — Setzet Euch,

damit wir nicht so müßig überrascht wer=
den, und dann sprecht! Oder vielmehr, ich
weiß es schon. Ihr braucht mir's nicht zu
sagen!"

Aber sie setzte sich nicht, sie trat zu mir heran.
„Denket Ihr noch, Johannes, wie Ihr einst den
Buhz mit Euerem Bogen niederschosset? Das
thut diesmal nicht noth, obschon er wieder ob
dem Neste lauert; denn ich bin kein Vöglein, das
sich von ihm zerreißen läßt. Aber, Johannes, —
ich habe einen Blutsfreund! — Hilf mir wider
den!"

„Ihr meinet Eueren Bruder, Katharina!"

— „Ich habe keinen andern. — — Dem
Manne, den ich hasse, will er mich zum Weibe
geben! Während unseres Vaters langem Siech=
bett habe ich den schändlichen Kampf mit ihm
gestritten, und erst an seinem Sarg hab' ich's
ihm abgetrotzt, daß ich in Ruhe um den Vater

trauern mag; aber ich weiß, auch das wird er
nicht halten."

Ich gedachte eines Stiftsfräuleins zu Preetz,
Herrn Gerhardus' einzigen Geschwisters, und
meinete, ob die nicht um Schutz und Zuflucht
anzugehen sei.

Katharina nickte. „Wollt Ihr mein Bote
sein, Johannes? — Geschrieben habe ich ihr
schon, aber in Wulf's Hände kam die Antwort,
und auch erfahren habe ich sie nicht; nur die
ausbrechende Wuth meines Bruders, die selbst
das Ohr des Sterbenden erfüllet hätte, wenn
es noch offen gewesen wäre für den Schall der
Welt; aber der gnädige Gott hatte das geliebte
Haupt schon mit dem letzten Erdenschlummer
zugedeckt."

Katharina hatte sich nun doch auf meine
Bitte mir genüber gesetzet, und ich begann die
Umrisse auf die Leinewand zu zeichnen. So

kamen wir zu ruhiger Berathung; und da ich,
wenn die Arbeit weiter vorgeschritten war, nach
Hamburg mußte, um bei dem Holzschnitzer einen
Rahmen zu bestellen, so stelleten wir fest, daß
ich alsdann den Umweg über Preetz nähme
und also meine Botschaft ausrichtete. Zunächst
jedoch sei emsig an dem Werk zu fördern.

Es ist gar oft ein seltsam Widerspiel im
Menschenherzen. Der Junker mußte es schon
wissen, daß ich zu seiner Schwester stand; gleich=
wohl — hieß nun sein Stolz ihn mich gering
zu schätzen oder glaubte er mit seiner ersten
Drohung mich genug geschrecket — was ich be=
sorgte, traf nicht ein; Katharina und ich waren
am ersten wie an den andern Tagen von ihm
ungestöret. Einmal zwar kam er und schalt
mit Katharinen wegen ihrer Trauerkleidung,
warf aber dann die Thür hinter sich, und wir
hörten ihn bald auf dem Hofe ein Reiterstück=
lein pfeifen. Ein ander Mal noch hatte er den
von der Risch an seiner Seite. Da Katharina

eine heftige Bewegung machte, bat ich sie leis, auf
ihrem Platz zu bleiben, und malte ruhig weiter.
Seit dem Begräbnißtage, wo ich einen fremden
Gruß mit ihm getauschet, hatte der Junker Kurt
sich auf dem Hofe nicht gezeigt; nun trat er
näher und beschauete das Bild und redete gar
schöne Worte, meinte aber auch, weshalb das
Fräulein sich so sehr vermummet und nicht
vielmehr ihr seidig Haar in feinen Locken auf
den Nacken habe wallen lassen; wie es von
einem Engelländischen Poeten so trefflich aus=
gedrücket worden, „rückwärts den Winden leichte
Küsse werfend?" Katharina aber, die bisher
geschwiegen, wies auf Herrn Gerhardus' Bild
und sagte: „Ihr wisset wohl nicht mehr, daß
das mein Vater war!"

Was Junker Kurt hierauf entgegnete, ist mir
nicht mehr erinnerlich; meine Person aber schien
ihm ganz nicht gegenwärtig oder doch nur gleich

einer Maschine, wodurch ein Bild sich auf die
Leinewand malte. Von letzterem begann er
über meinen Kopf hin dies und jenes noch zu
reden; da aber Katharina nicht mehr Antwort
gab, so nahm er alsbald seinen Urlaub, der
Dame angenehme Kurzweil wünschend.

Bei diesem Wort jedennoch sah ich aus seinen
Augen einen raschen Blick gleich einer Messer-
spitzen nach mir zücken.

— — Wir hatten nun weitere Störniß nicht
zu leiden, und mit der Jahreszeit rückte auch
die Arbeit vor. Schon stand auf den Wald-
koppeln draußen der Roggen in silbergrauem
Bluhst und unten im Garten brachen schon die
Rosen auf; wir beide aber — ich mag es heut
wohl niederschreiben — wir hätten itzund die
Zeit gern stille stehen lassen; an meine Boten-
reise wagten, auch nur mit einem Wörtlein,
weder sie noch ich zu rühren. Was wir ge-

sprochen, wüßte ich kaum zu sagen; nur daß
ich von meinem Leben in der Fremde ihr er=
zählte und wie ich immer heimgedacht; auch
daß ihr güldener Pfennig mich in Krankheit
einst vor Noth bewahrt, wie sie in ihrem Kinder=
herzen es damals fürgesorget, und wie ich später
dann gestrebt und mich geängstet, bis ich das
Kleinod aus dem Leihhaus mir zurückgewonnen
hatte. Dann lächelte sie glücklich; und dabei
blühete aus dem dunkeln Grund des Bildes
immer süßer das holde Antlitz auf; mir schien's,
als sei es kaum mein eigenes Werk. — Mit=
unter war's, als schaue mich etwas heiß aus
ihren Augen an; doch wollte ich es dann fassen,
so floh es scheu zurück; und dennoch floß es
durch den Pinsel heimlich auf die Leinewand,
so daß mir selber kaum bewußt ein sinnberückend
Bild entstand, wie nie zuvor und nie nachher
ein solches aus meiner Hand gegangen ist. — —

Und endlich war's doch an der Zeit und fest=
gesetzet, am andern Morgen sollte ich meine
Reise antreten.

Als Katharina mir den Brief an ihre Base ein=
gehändigt hatte, saß sie noch einmal mir genüber.
Es wurde heute mit Worten nicht gespielt;
wir sprachen ernst und sorgenvoll mitsammen;
indessen setzte ich noch hie und da den Pinsel
an, mitunter meine Blicke auf die schweigende
Gesellschaft an den Wänden werfend, deren ich
in Katharinens Gegenwart sonst kaum gedacht
hatte.

Da, unter dem Malen, fiel mein Auge auch
auf jenes alte Frauenbildniß, das mir zur
Seite hing und aus den weißen Schleiertüchern
die stechend grauen Augen auf mich gerichtet
hielt. Mich fröstelte, ich hätte nahezu den
Stuhl verrückt.

Aber Katharinens süße Stimme drang mir

in das Ohr: „Ihr seid ja fast erbleichet; was
flog Euch übers Herz, Johannes?"

Ich zeigte mit dem Pinsel auf das Bild.
„Kennet Ihr die, Katharine? Diese Augen
haben hier all' die Tage auf uns hingesehen."

„Die da? — Vor der hab' ich schon als
Kind eine Furcht gehabt, und gar bei Tage
bin ich oft wie blind hier durchgelaufen. Es
ist die Gemahlin eines früheren Gerhardus;
vor weit über hundert Jahren hat sie hier ge=
hauset."

„Sie gleicht nicht Eurer schönen Mutter,"
entgegnete ich; „dies Antlitz hat wohl vermocht
einer jeden Bitte nein zu sagen."

Katharina sah gar ernst zu mir herüber.
„So heißt's auch," sagte sie; „sie soll ihr einzig
Kind verfluchet haben; am andern Morgen
aber hat man das blasse Fräulein aus einem
Gartenteich gezogen, der nachmals zugedämmet

ist. Hinter den Hecken, dem Walde zu, soll es gewesen sein."

„Ich weiß, Katharina; es wachsen heut noch Schachtelhalm und Binsen aus dem Boden."

„Wisset Ihr denn auch, Johannes, daß eine unseres Geschlechtes sich noch immer zeigen soll, sobald dem Hause Unheil droht? Man sieht sie erst hier an den Fenstern gleiten, dann draußen in dem Gartensumpf verschwinden."

Ohnwillens wandten meine Augen sich wieder auf die unbeweglichen des Bildes. „Und weß= halb," fragte ich, „verfluchete sie ihr Kind?"

„Weßhalb?" — Katharina zögerte ein Weil= chen und blickte mich fast verwirret an mit allem ihren Liebreiz. „Ich glaub', sie wollte den Vetter ihrer Mutter nicht zum Ehgemahl."

— „War's denn ein gar so übler Mann?"

Ein Blick fast wie ein Flehen flog zu mir herüber, und tiefes Rosenroth bedeckte ihr Antlitz.

„Ich weiß nicht," sagte sie beklommen; und
leiser, daß ich's kaum vernehmen mochte, setzte
sie hinzu: „Es heißt, sie hab' einen Andern
lieb gehabt; der war nicht ihres Standes."

Ich hatte den Pinsel sinken lassen; denn sie
saß vor mir mit gesenkten Blicken; wenn nicht
die kleine Hand sich leis aus ihrem Schooße
auf ihr Herz geleget, so wäre sie selber wie ein
leblos Bild gewesen.

So hold es war, ich sprach doch endlich:
„So kann ich ja nicht malen; wollet Ihr mich
nicht ansehen, Katharina?"

Und als sie nun die Wimpern von den
braunen Augensternen hob, da war kein Hehlens
mehr; heiß und offen ging der Strahl zu meinem
Herzen. „Katharina!" Ich war aufgesprungen.
„Hätte jene Frau auch Dich verflucht?"

Sie athmete tief auf. „Auch mich, Johan=
nes!" — Da lag ihr Haupt an meiner Brust,

und fest umschlossen standen wir vor dem Bild
der Ahnfrau, die kalt und feindlich auf uns
niederschauete.

Aber Katharina zog mich leise fort. „Laß
uns nicht troßen, mein Johannes!" sagte sie.
— Mit Selbigem hörte ich im Treppenhause
ein Geräusch, und war es, als wenn etwas mit
dreien Beinen sich mühselig die Stiegen herauf=
arbeitete. Als Katharina und ich uns deshalb
wieder an unsern Plaß gesetzet und ich Pinsel
und Palette zur Hand genommen hatte, öffnete
sich die Thür, und Bas' Ursel, die wir wohl zu=
letzt erwartet hätten, kam an ihrem Stock herein=
gehustet. „Ich höre," sagte sie, „Er will nach
Hamburg, um den Rahmen zu besorgen: da muß
ich mir nachgerade doch Sein Werk beschauen!"

Es ist wohl männiglich bekannt, daß alte
Jungfrauen in Liebessachen die allerfeinsten
Sinne haben und so der jungen Welt gar oft

Bedrang und Trübsal bringen. Als Baf' Ursel
auf Katharinens Bild, das sie bislang noch
nicht gesehen, kaum einen Blick geworfen hatte,
zuckte sie gar stolz empor mit ihrem runzeligen
Angesicht und frug mich allsogleich: „Hat denn
das Fräulein Ihn so angesehen, als wie sie
da im Bilde sitzet?"

Ich entgeguete, es sei ja eben die Kunst der
edlen Malerei, nicht bloß die Abschrift des Ge-
sichts zu geben. Aber schon mußte an unsern
Augen oder Wangen ihr Sonderliches aufge-
fallen sein; denn ihre Blicke gingen spürend
hin und wieder: „Die Arbeit ist wohl bald
am Ende?" sagte sie dann mit ihrer höchsten
Stimme. „Deine Augen haben kranken Glanz,
Katharina; das lange Sitzen hat Dir nicht
wohl gedienet."

Ich entgegnete, das Bild sei bald vollendet, nur
an dem Gewande sei noch hie und da zu schaffen.

„Nun, da braucht Er wohl des Fräuleins Gegenwart nicht mehr dazu! — Komm, Katharina, Dein Arm ist besser, als der dumme Stecken hier!"

Und so mußt' ich von der dürren Alten meines Herzens holdselig Kleinod mir entführen sehen, da ich es eben mir gewonnen glaubte; kaum daß die braunen Augen mir noch einen stummen Abschied senden konnten.

Am andern Morgen, am Montage vor Jo=
hannis, trat ich meine Reise an. Auf einem
Gaule, den Dieterich mir besorgt hatte, trabte
ich in der Frühe aus dem Thorweg; als ich
durch die Tannen ritt, brach einer von des
Junkers Hunden herfür und fuhr meinem Thiere
nach den Flechsen, wann schon selbiges aus
ihrem eigenen Stalle war; aber der oben im
Sattel saß, schien ihnen allzeit noch verdächtig.
Kamen gleichwohl ohne Blessur davon, ich und
der Gaul, und langten Abends bei guter Zeit
in Hamburg an. Am andern Vormittage machte
ich mich auf und fand auch bald einen Schnitzer,
so der Bilderleisten viele fertig hatte, daß man

sie nur zusammenzustellen und in den Ecken
die Zierrathen darauf zu thun brauchte. Wur=
den also handelseinig, und versprach der Meister,
mir das Alles wohlverpacket nachzusenden.

Nun war zwar in der berühmten Stadt vor
einen Neubegierigen gar Vieles zu beschauen:
so in der Schiffer=Gesellschaft des Seeräubers
Störtebeker silberner Becher, welcher das zweite
Wahrzeichen der Stadt genennet wird, und ohne
den gesehen zu haben, wie es in einem Buche
heißet, Niemand sagen dürfe, daß er in Ham=
burg sei gewesen; sodann auch der Wunderfisch
mit eines Adlers richtigen Krallen und Fluchten,
so eben um diese Zeit in der Elbe war ge=
fangen worden und den die Hamburger, wie
ich nachmalen hörete, auf einen Seesieg wider
die türkischen Piraten deuteten; allein, obschon
ein rechter Reisender solcherlei Seltsamkeiten
nicht vorbeigehen soll, so war doch mein Ge=

müthe, beides, von Sorge und von Herzens=
sehnen, allzusehr beschwert. Derohalben, nach=
dem ich bei einem Kaufherrn noch meinen
Wechsel umgesetzet und in meiner Nachtherberg
Richtigkeit getroffen hatte, bestieg ich um Mit=
tage wieder meinen Gaul und hatte alsobald
allen Lärmen des großen Hamburg hinter mir.

Am Nachmittage danach langete ich in Preetz
an, meldete mich im Stifte bei der hochwürdigen
Dame und wurde auch alsbald vorgelassen. Ich
erkannte in ihrer stattlichen Person sogleich die
Schwester meines theueren seligen Herrn Ger=
hardus; nur, wie es sich an unverehelichten
Frauen oftmals zeiget, waren die Züge des
Antlitzes gleichwohl strenger, als die des Bruders.
Ich hatte, selbst nachdem ich Katharinens Schrei=
ben überreicht, ein lang und hart Examen zu
bestehen; dann aber verhieß sie ihren Beistand
und setzete sich zu ihrem Schreibgeräthe, indeß

die Magd mich in ein ander Zimmer führen
mußte, allwo man mich gar wohl bewirthete.

Es war schon spät am Nachmittage, da ich
wieder fortritt; doch rechnete ich, obschon mein
Gaul die vielen Meilen hinter uns bereits ver=
spürte, noch gegen Mitternacht beim alten Die=
terich anzuklopfen. — Das Schreiben, das die
alte Dame mir für Katharinen mitgegeben, trug
ich wohlverwahret in einem Ledertäschlein unterm
Wammse auf der Brust. So ritt ich fürbaß in
die aufsteigende Dämmerung hinein; gar bald
an sie, die Eine, nur gedenkend, und immer
wieder mein Herz mit neuen lieblichen Gedanken
schreckend.

Es war aber eine lauwarme Juninacht; von
den dunkelen Feldern erhub sich der Ruch der
Wiesenblumen, aus den Knicken duftete das Geiß=
blatt; in Luft und Laub schwebte ungesehen das
kleine Nachtgeziefer oder flog auch wohl surrend

meinem schnaubenden Gaule an die Nüstern;
droben aber an der blauschwarzen ungeheueren
Himmelsglocke über mir strahlte im Süd=Ost
das Sternenbild des Schwanes in seiner un=
berührten Herrlichkeit.

Da ich endlich wieder auf Herrn Gerhardus'
Grund und Boden war, resolvirte ich mich sofort,
noch nach dem Dorfe hinüberzureiten, welches
seitwärts von der Fahrstraßen hinterm Wald
belegen ist. Denn ich gedachte, daß der Krüger
Hans Ottsen einen paßlichen Handwagen habe;
mit dem sollte er morgen einen Boten in die
Stadt schicken, um die Hamburger Kiste für mich
abzuholen; ich aber wollte nur an sein Kammer=
fenster klopfen, um ihm solches zu bestellen.

Also ritt ich am Waldesrande hin, die Augen
fast verwirret von dem grünlichen Johannis=
fünkchen, die mit ihren spielerischen Lichtern mich
hier umflogen. Und schon ragte groß und

finster die Kirche vor mir auf, in deren Mauern
Herr Gerhardus bei den Seinen ruhte; ich hörte,
wie im Thurm so eben der Hammer ausholte,
und von der Glocken scholl die Mitternacht ins
Dorf hinunter. „Aber sie schlafen Alle;" sprach
ich bei mir selber, „die Todten in der Kirchen
oder unter dem hohen Sternenhimmel hieneben
auf dem Kirchhof, die Lebenden noch unter den
niedern Dächern, die dort stumm und dunkel vor
Dir liegen." So ritt ich weiter. Als ich jedoch
an den Teich kam, von wo aus man Hans Ott=
sens Krug gewahren kann, sahe ich von dorten
einen dunstigen Lichtschein auf den Weg hinaus=
brechen, und Fiedeln und Klarinetten schallten
mir entgegen.

Da ich gleichwohl mit dem Wirthe reden wollte,
so ritt ich herzu und brachte meinen Gaul im
Stalle unter. Als ich danach auf die Tenne
trat, war es gedrangvoll von Menschen, Män=

nern und Weibern, und ein Geschrei und wüst'
Getreibe, wie ich solches, auch beim Tanz, in
früheren Jahren nicht vermerket. Der Schein
der Unschlittkerzen, so unter einem Balken auf
einem Kreuzholz schwebten, hob manch' bärtig
und verhauen Antlitz aus dem Dunkel, dem man
lieber nicht allein im Wald begegnet wäre. —
Aber nicht nur Strolche und Bauernbursche schie=
nen hier sich zu vergnügen; bei den Musikanten,
die drüben vor der Döns auf ihren Tonnen
saßen, stund der Junker von der Risch; er hatte
seinen Mantel über dem einen Arm, an dem
andern hing ihm eine derbe Dirne. Aber das
Stücklein schien ihm nicht zu gefallen; denn er
riß dem Fiedler seine Geigen aus den Händen,
warf eine Hand voll Münzen auf seine Tonne
und verlangte, daß sie ihm den neumodischen
Zweitritt aufspielen sollten. Als dann die Mu=
sikanten ihm gar rasch gehorchten und wie toll

die neue Weise klingen ließen, schrie er nach
Plaß und schwang sich in den dichten Haufen;
und die Bauernburschen glotzten darauf hin,
wie ihm die Dirne im Arme lag, gleich einer
Tauben vor dem Geier.

Ich aber wandte mich ab und trat hinten in
die Stube, um mit dem Wirth zu reden. Da
saß der Junker Wulf beim Kruge Wein und
hatte den alten Ottsen neben sich, welchen er
mit allerhand Späßen in Bedrängniß brachte;
so drohete er, ihm seinen Zins zu steigern, und
schüttelte sich vor Lachen, wenn der geängstete
Mann gar jämmerlich um Gnad' und Nachsicht
supplicirte. — Da er mich gewahr worden, ließ
er nicht ab, bis ich selb dritt mich an den Tisch
gesetzt; frug nach meiner Reise und ob ich in
Hamburg mich auch wohl vergnüget; ich aber
antwortete nur, ich käme eben von dort zurück,
und werde der Rahmen in Kürze in der Stadt

eintreffen, von wo Hans Ottsen ihn mit seinem
Handwäglein leichtlich möge holen lassen.

Indeß ich mit Letzterem solches nun verhan=
delte, kam auch der von der Risch hereingestürmt
und schrie dem Wirthe zu, ihm einen kühlen
Trunk zu schaffen. Der Junker Wulf aber, dem
bereits die Zunge schwer im Munde wühlte,
faßte ihn am Arm und riß ihn auf den leeren
Stuhl hernieder.

„Nun, Kurt!" rief er. „Bist Du noch nicht
satt von Deinen Dirnen! Was soll die Katha=
rina dazu sagen? Komm, machen wir alamode
ein ehrbar hazard mitsammen!" Dabei hatte er
ein Kartenspiel unterm Wamms hervorgezogen.
„Allons donc! — Dix et dame! — dame et
valet!"

Ich stand noch und sah dem Spiele zu, so
dermalen eben Mode worden; nur wünschend,
daß die Nacht vergehen und der Morgen kommen

möchte. — Der Trunkene schien aber dieses Mal
des Nüchternen Uebermann; dem von der Risch
schlug nach einander jede Karte fehl.

„Tröste Dich Kurt!" sagte der Junker Wulf,
indeß er schmunzelnd die Speciesthaler auf einen
Haufen scharrte:

> „Glück in der Lieb'
> Und Glück im Spiel,
> Bedenk, für Einen
> Ist's zuviel!

Laß den Maler Dir hier von Deiner schönen
Braut erzählen! Der weiß sie auswendig; da
kriegst Du's nach der Kunst zu wissen."

Dem Andern, wie mir am besten kund war,
mochte aber noch nicht viel von Liebesglück be=
wußt sein; denn er schlug fluchend auf den Tisch
und sah gar grimmig auf mich her.

„Ei, Du bist eifersüchtig, Kurt;" sagte der
Junker Wulf vergnüglich, als ob er jedes Wort

auf seiner schweren Zunge schmecke; „aber ge=
tröste Dich, der Rahmen ist schon fertig zu dem
Bilde; Dein Freund, der Maler kommt eben erst
von Hamburg."

Bei diesem Worte sahe ich den von der Risch
aufzucken gleich einem Spürhund bei der Witte=
rung. „Von Hamburg heut? — So muß er
Fausti Mantel sich bedienet haben; denn mein
Reitknecht sah ihn heut zu Mittag noch in
Preetz! Im Stift, bei Deiner Base ist er auf
Besuch gewesen."

Meine Hand fuhr unversehens nach der Brust,
wo ich das Täschlein mit dem Brief verwahret
hatte; denn die trunkenen Augen des Junkers
Wulf lagen auf mir; und war mir's nicht an=
ders, als sähe er damit mein ganz Geheimniß
offen vor sich liegen. Es währete auch nicht
lange, so flogen die Karten klatschend auf den
Tisch. „Oho!" schrie er. „Im Stift, bei meiner

Base! Du treibst wohl gar doppelt Handwerk,
Bursch! Wer hat Dich auf den Botengang ge=
schickt?"

„Ihr nicht, Junker Wulf!" entgegnet' ich;
„und das muß Euch genug sein!" — Ich wollt'
nach meinem Degen greifen; aber er war nicht
da; fiel mir auch bei nun, daß ich ihn an den
Sattelknopf gehänget, da ich vorhin den Gaul
zu Stall brachte.

Und schon schrie der Junker wieder zu seinem
jüngeren Kumpan: „Reiß ihm das Wamms auf,
Kurt! Es gilt den blanken Haufen hier, Du
findest eine saubere Briefschaft, die Du ungern
möchtst bestellet sehn!"

Im selbigen Augenblick fühlte ich auch schon
die Hände des von der Risch an meinem Leibe,
und ein wüthend Ringen zwischen uns begann.
Ich fühlte wohl, daß ich so leicht, wie in der
Bubenzeit, ihm nicht mehr über würde; da

aber fügte es sich zu meinem Glücke, daß ich
ihm beide Handgelenke packte, und er also wie
gefesselt vor mir stund. Es hatte keiner von
uns ein Wort dabei verlauten lassen; als wir
uns aber itzund in die Augen sahen, da wußte
Jeder wohl, daß er's mit seinem Todtfeind vor
sich habe.

Solches schien auch der Junker Wulf zu
meinen; er strebte von seinem Stuhl empor,
als wolle er dem von der Risch zu Hülfe
kommen; mochte aber zu viel des Weins ge=
nossen haben, denn er taumelte auf seinen Platz
zurück. Da schrie er, so laut seine lallende
Zung es noch vermochte: „He, Tartar, Türk!
Wo steckt ihr! Tartar, Türk!“ Und ich wußte
nun, daß die zwo grimmen Köter, so ich vor=
hin auf der Tenne an dem Ausschank hatte
lungern sehen, mir an die nackte Kehle springen
sollten. Schon hörete ich sie durch das Ge=

tümmel der Tanzenden daher schnaufen, da riß ich mit einem Rucke jählings meinen Feind zu Boden, sprang dann durch eine Seitenthür aus dem Zimmer, die ich schmetternd hinter mir zuwarf, und gewann also das Freie.

Und um mich her war plötzlich wieder die stille Nacht und Mond= und Sternenschimmer. In den Stall zu meinem Gaul wagt' ich nicht erst zu gehen, sondern sprang flugs über einen Wall und lief über das Feld dem Walde zu. Da ich ihn bald erreichet, suchte ich die Rich= tung nach dem Herrenhofe einzuhalten; denn es zieht sich die Holzung bis hart zur Garten= mauer. Zwar war die Helle der Himmels= lichter hier durch das Laub der Bäume aus= geschlossen; aber meine Augen wurden der Dunkelheit gar bald gewohnt, und da ich das Täschlein sicher unter meinem Wammse fühlte, so tappte ich rüstig vorwärts; denn ich gedachte

den Rest der Nacht noch einmal in meiner
Kammer auszuruhen, dann aber mit dem alten
Dieterich zu berathen, was allfort geschehen
solle; maaßen ich wohl sahe, daß meines Bleibens
hier nicht fürder sei.

Bisweilen stund ich auch und horchte; aber ich
mochte bei meinem Abgang hinter mir die Thür
ins Schloß geworfen und so einen guten Vor=
sprung mir gewonnen haben: von den Hunden
war kein Laut vernehmbar. Wohl aber, da ich
eben aus dem Schatten auf eine vom Mond
erhellte Lichtung trat, hörte ich nicht gar fern
die Nachtigallen schlagen; und von wo ich ihren
Schall hörte, dahin richtete ich meine Schritte;
denn mir war bewußt, sie hatten hier
herum nur in den Hecken des Herrengartens
ihre Nester; erkannte nun auch, wo ich mich
befand, und daß ich bis zum Hofe nicht gar
weit mehr hatte.

Ging also dem lieblichen Schallen nach, das
immer heller vor mir aus dem Dunkel drang.
Da plötzlich schlug was Anderes an mein Ohr,
das jählings näher kam und mir das Blut er=
starren machte. Nicht zweifeln konnt' ich mehr,
die Hunde brachen durch das Unterholz; sie
hielten fest auf meiner Spur, und schon hörte
ich deutlich hinter mir ihr Schnaufen und ihre
gewaltigen Sätze in dem dürren Laub des Wald=
bodens. Aber Gott gab mir seinen gnädigen
Schutz; aus dem Schatten der Bäume stürzte
ich gegen die Gartenmauer und an eines Flie=
derbaums Geäste schwang ich mich hinüber. —
Da sangen hier im Garten immer noch die
Nachtigallen; die Buchenhecken warfen tiefe
Schatten. In solcher Mondnacht war ich einst
vor meiner Ausfahrt in die Welt mit Herrn
Gerhardus hier gewandelt. „Sieh Dir's noch
einmal an, Johannes!“ hatte dermalen er ge=

sprochen; „es könnt' geschehen, daß Du bei Deiner Heimkehr mich nicht daheim mehr fändest, und daß alsdann ein Willkomm nicht für Dich am Thor geschrieben stünde; — ich aber möcht' nicht, daß Du diese Stätte hier vergäßest."

Das flog mir itzund durch den Sinn, und ich mußte bitter lachen; denn nun war ich hier als ein gehetzet Wild; und schon hörte ich die Hunde des Junker Wulf gar grimmig draußen an der Gartenmauer rennen. Selbige aber war, wie ich noch Tags zuvor gesehen, nicht überall so hoch, daß nicht das wüthige Gethier hinüber konnte; und rings im Garten war kein Baum, nichts als die dichten Hecken und drüben gegen das Haus die Blumenbeete des seligen Herrn. Da, als eben das Bellen der Hunde wie ein Triumphgeheule innerhalb der Gartenmauer scholl, ersahe ich in meiner Noth den alten Epheubaum, der sich mit starkem Stamme an dem Thurm hinaufreckt; und da dann die Hunde aus den Hecken auf den mondhellen Platz hinausraseten, war ich schon hoch genug, daß sie mit ihrem Anspringen mich nicht mehr fassen konnten; nur meinen Mantel, so mir von der Schulter geglitten war, hatten sie mit ihren Zähnen herabgerissen.

Ich aber, also angeklammert und fürchtend, es werde das nach oben schwächere Geäste mich auf die Dauer nicht ertragen, blickte suchend um mich, ob ich nicht irgend bessern Halt gewinnen möchte; aber es war nichts zu sehen, als die dunklen Epheublätter um mich her. — Da, in solcher Noth, hörte ich über mir ein Fenster öffnen, und eine Stimme scholl zu mir herab — möcht' ich sie wieder hören, wenn Du, mein Gott, mich bald nun rufen läßt aus diesem Erdenthal! „Johannes!" rief sie; leis,

doch deutlich hörte ich meinen Namen, und ich
kletterte höher an dem immer schwächeren Ge-
zweige, indeß die schlafenden Vögel um mich
auffuhren, und die Hunde von unten ein Geheul heraufstießen. — „Katharina! Bist Du
es wirklich, Katharina?"

Aber schon kam ein zitternd Händlein zu mir
herab und zog mich gegen das offene Fenster;
und ich sah in ihre Augen, die voll Entsetzen
in die Tiefe starrten.

„Komm!" sagte sie. „Sie werden Dich zerreißen." Da schwang ich mich in ihre Kammer.
— Doch als ich drinnen war, ließ mich das
Händlein los, und Katharina sank auf einen
Sessel so am Fenster stund, und hatte ihre
Augen dicht geschlossen. Die dicken Flechten
ihres Haares lagen über dem weißen Nacht-
gewand bis in den Schooß hinab; der Mond,
der draußen die Gartenhecken überstiegen hatte,

schien voll herein und zeigete mir Alles. Ich
stund wie fest gezaubert vor ihr; so lieblich
fremde und doch so ganz mein eigen schien sie
mir; nur meine Augen tranken sich satt an all'
der Schönheit. Erst als ein Seufzen ihre Brust
erhob, sprach ich zu ihr: „Katharina, liebe
Katharina, träumet Ihr denn?"

Da flog ein schmerzlich Lächeln über ihr
Gesicht: „Ich glaub' wohl fast, Johannes! —
Das Leben ist so hart; der Traum ist süß!"

Als aber von unten aus dem Garten das
Geheul aufs Neu heraufkam, fuhr sie erschreckt
empor. „Die Hunde, Johannes!" rief sie. „Was
ist das mit den Hunden?"

„Katharina," sagte ich, „wenn ich Euch dienen
soll, so glaub' ich, es muß bald geschehen;
denn es fehlt viel, daß ich noch einmal durch
die Thür in dieses Haus gelangen sollte." Da=
bei hatte ich den Brief aus meinem Täschlein

hervorgezogen und erzählete auch), wie ich im Kruge drunten mit den Junkern sei in Streit gerathen.

Sie hielt das Schreiben in den hellen Mondenschein und las; dann schaute sie mich voll und herzlich an, und wir beredeten, wie wir uns morgen in dem Tannenwalde treffen wollten; denn Katharina sollte noch zuvor erkunden, auf welchen Tag des Junker Wulfen Abreise zum Kieler Johannismarkte festgesetzet sei.

„Und nun, Katharina," sprach ich); „habt Ihr nicht etwas, das einer Waffe gleichsieht, ein eisern Ellenmaaß oder so dergleichen, damit ich der beiden Thiere drunten mich erwehren könne?"

Sie aber schrak jäh wie aus einem Traum empor: „Was sprichst Du, Johannes!" rief sie; und ihre Hände, so bislang in ihrem Schooß geruhet, griffen nach den meinen. „Nein, nicht

fort, nicht fort! da drunten ist der Tod; und
gehst Du, so ist auch hier der Tod!"

Da war ich vor ihr hingekniet und lag an
ihrer jungen Brust, und wir umfingen uns in
großer Herzensnoth. „Ach, Käthe," sprach ich,
„was vermag die arme Liebe denn! Wenn auch
Dein Bruder Wulf nicht wäre; ich bin kein
Edelmann, und darf nicht um Dich werben."

Sehr süß und sorglich schauete sie mich an;
dann aber kam es wie Schelmerei aus ihrem
Munde: „Kein Edelmann, Johannes? — Ich
dächte, Du seiest auch das! Aber — ach nein!
Dein Vater war nur der Freund des meinen —
das gilt der Welt wohl nicht!"

„Nein, Käthe;" entgegnete ich; „und sicher=
lich nicht hier;" und ich umfaßte fester ihren
jungfräulichen Leib; „aber drüben in Holland,
dort gilt ein tüchtiger Maler wohl einen deutschen
Edelmann; die Schwelle von Minheer van Dyks

Pallaste zu Amsterdam ist auch dem Höchsten
ehrenvoll zu überschreiten. Man hat mich drüben
halten wollen, mein Meister van der Helst und
Andre! Wenn ich dorthin zurückginge, ein Jahr
noch oder zwei; dann — wir kommen dann schon
von hier fort; bleib mir nur feste gegen Eure
wüsten Junker!"

Katharinens weiße Hände strichen über meine
Locken; sie herzte mich und sagte leise: „Da ich
in meine Kammer Dich gelassen, so werd' ich
doch Dein Weib auch werden müssen."

— — Ihr ahnete wohl nicht, welch' einen Feuer-
strom dieß Wort in meine Adern goß, darin
ohnedieß das Blut in heißen Pulsen ging. — Von
dreien furchtbaren Dämonen, von Zorn und Todesangst und Liebe ein verfolgter Mann, lag nun
mein Haupt in des vielgeliebten Weibes Schooß.

Da schrillte ein geller Pfiff; die Hunde drunten wurden jählings stille, und da es noch ein-

mal gellte, hörte ich sie wie toll und wild da=
von rennen.

Vom Hofe her wurden Schritte laut; wir
horchten auf, daß uns der Athem stille stund.
Bald aber wurde dorten eine Thür erst auf=
und wieder zugeschlagen und dann ein Riegel
vorgeschoben. „Das ist Wulf," sagte Katharina
leise; „er hat die beiden Hunde in den Stall
gesperrt." — Bald hörten wir auch unter uns
die Thür des Hausflurs gehen, den Schlüssel
drehen, und danach Schritte in dem untern
Corridor, die sich verloren, wo der Junker seine
Kammer hatte. Dann wurde Alles still.

Es war nun endlich sicher, ganz sicher; aber
mit unserm Plaudern war es mit einem Male
schier zu Ende. Katharina hatte den Kopf zurück=
gelehnt; nur unser Beider Herzen hörete ich
klopfen. — „Soll ich nun gehen, Katharina?"
sprach ich endlich.

Aber die jungen Arme zogen mich stumm zu ihrem Mund empor; und ich ging nicht.

Kein Laut war mehr, als aus des Gartens Tiefe das Schlagen der Nachtigallen und von fern das Rauschen des Wässerleins, das hinten um die Hecken fließt.

Wenn, wie es in den Liedern heißt, mitunter noch in Nächten die schöne heidnische Frau Venus aufersteht und umgeht, um die armen Menschen= herzen zu verwirren, so war es dazumalen eine solche Nacht. Der Mondschein war am Himmel ausgethan, ein schwüler Ruch von Blumen hauchte durch das Fenster und dorten überm Walde spielte die Nacht in stummen Blitzen. — O Hüter, Hüter, war Dein Ruf so fern?

— — Wohl weiß ich noch, daß vom Hofe her plötzlich scharf die Hähne krähten, und daß ich ein blaß und weinend Weib in meinen Ar= men hielt, die mich nicht lassen wollte, unachtend,

daß überm Garten der Morgen dämmerte und
rothen Schein in unfre Kammer warf. Dann
aber, da sie deß' inne wurde, trieb sie, wie von
Todesangst geschreckt, mich fort.

Noch einen Kuß, noch hundert; ein flüchtig
Wort noch: wann für das Gesind zu Mittage
geläutet würde, dann wollten wir im Tannen=
wald uns treffen; und dann — ich wußte selber
kaum, wie mir's geschehen — stund ich im
Garten, unten in der kühlen Morgenluft.

Noch einmal, indem ich meinen von den Hun=
den zerfetzten Mantel aufhob, schaute ich empor
und sah ein blasses Händlein mir zum Abschied
winken. Nahezu erschrocken aber wurd' ich, da
meine Augen bei einem Rückblick aus dem Garten=
steig von ungefähr die unteren Fenster neben
dem Thurme streiften; denn mir war, als sähe
hinter einem derselbigen ich gleichfalls eine Hand;
aber sie drohete nach mir mit aufgehobenem

Finger und schien mir farblos und knöchern
gleich der Hand des Todes. Doch war's nur
wie im Husch, daß solches über meine Augen
ging; dachte zwar erstlich des Märleins von
der wiedergehenden Urahne; redete mir dann
aber ein, es seien nur meine eigenen aufgestörten
Sinne, die solch' Spiel mir vorgegaukelt hätten.

So, deß' nicht weiter achtend, schritt ich eilends
durch den Garten, merkete aber bald, daß in der
Hast ich auf den Binsensumpf gerathen; sank
auch der eine Fuß bis übers Aenkel ein, gleichsam als ob ihn was hinunterziehen wollte. „Ei,"
dachte ich, „faßt das Hausgespenste doch nach
Dir!" Machte mich aber auf und sprang über
die Mauer in den Wald hinab.

Die Finsterniß der dichten Bäume sagte
meinem träumenden Gemüthe zu; hier um mich
her war noch die selige Nacht, von welcher
meine Sinne sich nicht lösen mochten. — Erst da

ich nach geraumer Zeit vom Waldesrande in
das offene Feld hinaustrat, wurd' ich völlig wach.
Ein Häuflein Rehe stund nicht fern im silber=
grauen Thau, und über mir vom Himmel scholl
das Tageslied der Lerche. Da schüttelte ich all'
müßig Träumen von mir ab; im selbigen Augen=
blick stieg aber auch wie heiße Noth die Frage
mir in's Hirn: „Was weiter nun, Johannes?
Du hast ein theueres Leben an Dich rissen;
nun wisse, daß Dein Leben nichts gilt, als nur
das ihre!"

Doch was ich sinnen mochte, es deuchte mir
allfort das Beste, wenn Katharina im Stifte
sichern Unterschlupf gefunden, daß ich dann zu=
rück nach Holland ginge, mich dort der Freundes=
hülf' versicherte und alsobald zurückkäm', um sie
nachzuholen. Vielleicht, daß sie gar der alten
Base Herz erweichet; und schlimmsten Falles —
es mußt' auch gehen ohne das!

Schon sahe ich uns auf einem fröhlichen
Barkschiff die Wellen des grünen Zuidersees be=
fahren, schon hörete ich das Glockenspiel vom
Rathhausthurme Amsterdams und sah am Hafen
meine Freunde aus dem Gewühl hervorbrechen
und mich und meine schöne Frau mit hellem
Zuruf grüßen und im Triumph nach unserem
kleinen, aber trauten Heim geleiten. Mein Herz
war voll von Muth und Hoffnung; und kräftiger
und rascher schritt ich aus, als könnte ich bälder
so das Glück erreichen.

— Es ist doch anders kommen.

In meinen Gedanken war ich allmählich in
das Dorf hinabgelangt und trat hier in Hans
Ottsens Krug, von wo ich in der Nacht so jäh=
lings hatte flüchten müssen. — „Ei, Meister
Johannes," rief der Alte auf der Tenne mir
entgegen; „was hattet Ihr doch gestern mit
unseren gestrengen Junkern? Ich war just

draußen bei dem Ausschank; aber da ich wieder
eintrat, fluchten sie schier grausam gegen Euch;
und auch die Hunde raseten an der Thür,
die Ihr hinter Euch ins Schloß geworfen
hattet."

Da ich aus solchen Worten abnahm, daß
der Alte den Handel nicht wohl begriffen habe,
so entgegnete ich nur: „Ihr wisset, der von der
Risch und ich, wir haben uns schon als Jungen
oft einmal gezauset; da mußt's denn gestern
noch so einen Nachschmack geben."

„Ich weiß, ich weiß!" meinete der Alte;
„aber der Junker sitzt heut auf seines Vaters
Hof; Ihr solltet Euch hüten, Herr Johannes;
mit solchen Herren ist nicht sauber Kirschen
essen."

Dem zu widersprechen hatte ich nicht Ursach',
sondern ließ mir Brod und Frühtrunk geben und
ging dann in den Stall, wo ich mir meinen

Degen holte, auch Stift und Skizzenbüchlein
aus dem Ranzen nahm.

Aber es war noch lange bis zum Mittag=
läuten. Also bat ich Hans Ottsen, daß er den
Gaul mit seinem Jungen mög' zum Hofe bringen
lassen, und als er mir solches zugesagt, schritt
ich' wieder hinaus zum Wald. Ich ging aber
bis zu der Stelle auf dem Heidenhügel, von wo
man die beiden Giebel des Herrenhauses über
die Gartenhecken ragen sieht, wie ich solches schon
für den Hintergrund zu Katharinens Bildniß
ausgewählet hatte. Nun gedachte ich, daß, wann
in zu verhoffender Zeit sie selber in der Fremde
leben und wohl das Vaterhaus nicht mehr be=
treten würde, sie seines Anblicks doch nicht ganz
entrathen solle; zog also meinen Stift herfür
und begann zu zeichnen, gar sorgsam jedes Win=
kelchen, woran ihr Auge einmal mocht' gehaftet
haben. Als farbige Schilderei sollt' es dann in

Amsterdam gefertigt werden, damit es ihr so=
fort entgegengrüße, wann ich sie dort in unsre
Kammer führen würde.

Nach ein paar Stunden war die Zeichnung
fertig. Ich ließ noch wie zum Gruß ein zwit=
schernd Vöglein darüber fliegen; dann suchte ich
die Lichtung auf, wo wir uns finden wollten,
und streckte mich nebenan im Schatten einer
dichten Buche; sehnlich verlangend, daß die Zeit
vergehe.

Ich mußte gleichwohl darob eingeschlummert
sein; denn ich erwachte von einem fernen Schall
und wurd' deß inne, daß es das Mittagläuten
von dem Hofe sei. Die Sonne glühte schon
heiß hernieder und verbreitete den Ruch der Him=
beeren, womit die Lichtung überdeckt war. Es
fiel mir bei, wie einst Katharina und ich uns
hier bei unsern Waldgängen süße Wegzehrung
geholet hatten; und nun begann ein seltsam

Spiel der Phantasie: bald sahe ich drüben
zwischen den Sträuchen ihre zarte Kindsgestalt,
bald stund sie vor mir, mich anschauend mit den
seligen Frauenaugen, wie ich sie letzlich erst ge=
sehen, wie ich sie nun gleich, im nächsten Augen=
blicke schon leibhaftig an mein klopfend Herz
schließen würde.

Da plötzlich überfiel mich's wie ein Schrecken.
Wo blieb sie denn? Es war schon lang, daß
es geläutet hatte. Ich war aufgesprungen, ich
ging umher, ich stund und spähete scharf nach
aller Richtung durch die Bäume; die Angst kroch
mir zum Herzen; aber Katharina kam nicht; kein
Schritt im Laube raschelte; nur oben in den
Buchenwipfeln rauschte ab und zu der Sommer=
wind.

Böser Ahnung voll ging ich endlich fort und
nahm einen Umweg nach dem Hofe zu. Da ich
unweit dem Thore zwischen die Eichen kam, be=

8*

gegnete mir Dieterich. „Herr Johannes," sagte
er und trat haftig auf mich zu: „Ihr seid die
Nacht schon in Hans Ottsens Krug gewesen;
sein Junge brachte mir Euren Gaul zurück; —
was habt Ihr mit unsern Junkherrn vorgehabt?"

„Warum fragst Du, Dieterich?"

— „Warum, Herr Johannes? — Weil ich
Unheil zwischen Euch verhüten möcht'."

„Was soll das heißen, Dieterich?" frug ich
wieder; aber mir war beklommen, als sollte
das Wort mir in der Kehle sticken.

„Ihr werdet's schon selber wissen, Herr Jo=
hannes!" entgegnete der Alte. „Mir hat der
Wind nur so einen Schall davon gebracht; vor
einer Stunde mag's gewesen sein; ich wollte den
Burschen rufen, der im Garten an den Hecken
putzte. Da ich an den Thurm kam, wo droben
unser Fräulein ihre Kammer hat, sah ich dorten
die alte Bas' Ursel mit unserem Junker dicht

beisammen stehen. Er hatte die Arme unter-
schlagen und sprach kein einzig Wörtlein; die
Alte aber redete einen um so größeren Haufen
und jammerte ordentlich mit ihrer feinen Stimme.
Dabei wies sie bald nieder auf den Boden, bald
hinauf in den Ephen, der am Thurm hinauf-
wächst. — Verstanden, Herr Johannes, hab' ich
von dem Allen nichts; dann aber, und nun
merket wohl auf, hielt sie mit ihrer knöchern
Hand, als ob sie damit drohete, dem Junker
was vor Augen; und da ich näher hinsah, war's
ein Fetzen Grauwerk, just wie Ihr's da an
Euerem Mantel traget."

„Weiter, Dieterich!" sagte ich; denn der Alte
hatte die Augen auf meinen zerrissenen Mantel,
den ich auf dem Arme trug.

„Es ist nicht viel mehr übrig;" erwiderte
er; „denn der Junker wandte sich jählings nach
mir zu und frug mich, wo Ihr anzutreffen wäret.

Ihr möget mir es glauben, wäre er in Wirk-
lichkeit ein Wolf gewesen, die Augen hätten
blutiger nicht funkeln können."

Da frug ich: „Ist der Junker im Hause,
Dieterich?"

— „Im Haus? Ich denke wohl; doch was
sinnet Ihr, Herr Johannes?"

„Ich sinne, Dieterich, daß ich alsogleich mit
ihm zu reden habe."

Aber Dieterich hatte bei beiden Händen mich
ergriffen. „Gehet nicht, Johannes," sagte er
dringend; „erzählet mir zum wenigsten, was
geschehen ist; der Alte hat Euch ja sonst guten
Rath gewußt!"

„Hernach, Dieterich, hernach!" entgegnete ich.
Und also mit diesen Worten riß ich meine
Hände aus den seinen.

Der Alte schüttelte den Kopf. „Hernach, Johannes," sagte er, „das weiß nur unser Herrgott!"

Ich aber schritt nun über den Hof dem
Hause zu. — Der Junker sei eben in seinem
Zimmer, sagte eine Magd, so ich im Hausflur
darum anhielt.

Ich hatte dieses Zimmer, das im Unterhause
lag, nur einmal erst betreten. Statt wie bei
seinem Vater seel. Bücher und Karten, war
hier vielerlei Gewaffen, Handröhre und Arke=
busen, auch allerart Jagdgeräthe an den Wänden
angebracht; sonst war es ohne Zier und zeigte
an ihm selber, daß Niemand auf die Dauer
und mit seinen ganzen Sinnen hier verweile.

Fast wär' ich an der Schwelle noch zurück=
gewichen, da ich auf des Junkers „Herein" die
Thür geöffnet; denn, als er sich vom Fenster
zu mir wandte, sahe ich eine Reiterpistole in
seiner Hand, an deren Radschloß er handtirte.
Er schaute mich an, als ob ich von den Tollen
käme. „So!" sagte er gedehnt; „wahrhaftig'

Sieur Johannes, wenn's nicht schon sein Ge=
spenste ist!"

„Ihr dachtet, Junker Wulf," entgegnet' ich,
itzt näher zu ihm tretend, „es möcht' der Straßen
noch andre für mich geben, als die in Euere
Kammer führen!"

— „So dachte ich, Sieur Johannes! Wie
Ihr gut rathen könnt! Doch immerhin, Ihr
kommt mir eben recht; ich hab' Euch suchen
lassen!"

In seiner Stimme bebte was, das wie ein
lauernd Raubthier auf dem Sprunge lag, so
daß die Hand mir unversehens nach dem Degen
fuhr. Jedennoch sprach ich: „Höret mich und
gönnet mir ein ruhig Wort, Herr Junker!"

Er aber unterbrach meine Rede: „Du wirst
gewogen sein, mich erstlich auszuhören! Sieur
Johannes," — und seine Worte, die erst lang=
sam waren, wurden allmählich gleichwie ein

Gebrüll — „vor ein paar Stunden, da ich mit
schwerem Kopf erwachte, da fiel's mir bei und
reuete mich gleich einem Narren, daß ich im
Rausch die wilden Hunde Dir auf die Fersen
gesetzet hatte; — seit aber Bas' Ursel mir den
Fetzen vorgehalten, den sie Dir aus Deinem
Federbalg gerissen, — beim Höllenelement! mich
reut's nur noch, daß mir die Bestien solch'
Stück Arbeit nachgelassen!"

Noch einmal suchte ich zu Worte zu kommen;
und, da der Junker schwieg, so dachte ich, daß
er auch hören würde. „Junker Wulf," sagte
ich, „es ist schon wahr, ich bin kein Edelmann;
aber ich bin kein geringer Mann in meiner
Kunst und hoffe, es auch wohl noch einmal
den Größeren gleich zu thun; so bitte ich Euch
geziementlich, gebet Eure Schwester Katharina
mir zum Ehgemahl" — —

Da stockte mir das Wort im Munde. Aus

seinem bleichen Antlitz starrten mich die Augen
des alten Bildes an; ein gellend Lachen schlug
mir in das Ohr, ein Schuß — — — dann
brach ich zusammen und hörte nur noch, wie
mir der Degen, den ich ohn' Gedanken fast ge=
zogen hatte, klirrend aus der Hand zu Boden fiel.

Es war manche Woche danach, daß ich in
dem schon bleicheren Sonnenschein auf einem
Bänkchen vor dem letzten Haus des Dorfes saß;
mit matten Blicken nach dem Wald hinüber=
schauend, an dessen jenseitigem Rande das
Herrenhaus belegen war. Meine thörichten
Augen suchten stets aufs Neue den Punkt, wo,
wie ich mir vorstellte, Katharinens Kämmerlein
von drüben auf die schon herbstlich gelben
Wipfel schaue; denn von ihr selber hatte ich
keine Kunde.

Man hatte mich mit meiner Wunde in dieß
Haus gebracht, das von des Junkers Wald=
hüter bewohnt wurde; und außer diesem Mann

und seinem Weibe und einem mir unbekannten
Chirurgus war während meines langen Lagers
Niemand zu mir kommen. — Von wannen ich
den Schuß in meine Brust erhalten, darüber
hat mich Niemand befragt, und ich habe Nie=
mandem Kunde gegeben; des Herzogs Gerichte
gegen Herrn Gerhardus' Sohn und Katharinens
Bruder anzurufen, konnte nimmer mir zu Sinne
kommen. Er mochte sich dessen auch wohl ge=
trösten; noch glaubhafter jedoch, daß er allen
diesen Dingen trotzete.

Nur einmal war mein guter Dieterich da=
gewesen; er hatte mir in des Junkers Auftrage
zwei Rollen Ungarischer Dukaten überbracht als
Lohn für Katharinens Bild, und ich hatte das
Geld genommen, in Gedanken, es sei ein Theil
von deren Erbe, von dem sie als mein Weib
wohl später nicht zu viel empfahen würde. Zu
einem traulichen Gespräch mit Dieterich, nach

dem mich sehr verlangte, hatte es mir nicht
gerathen wollen, maaßen das gelbe Fuchsgesicht
meines Wirthes allaugenblicks in meine Kammer
schaute; doch wurde so viel mir kund, daß der
Junker nicht nach Kiel gereiset, und Katharina
seither von Niemandem weder in Hof noch
Garten war gesehen worden; kaum konnte ich
noch den Alten bitten, daß er dem Fräulein,
wenn sich's treffen möchte, meine Grüße sage,
und daß ich bald nach Holland zu reisen, aber
bälder noch zurückzukommen dächte, was alles
in Treuen auszurichten er mir dann gelobte.

Ueberfiel mich aber danach die allergrößeste
Ungeduld, so daß ich gegen den Willen des
Chirurgus und bevor im Walde drüben noch
die letzten Blätter von den Bäumen fielen, meine
Reise ins Werk setzte; langete auch schon nach
kurzer Frist wohlbehalten in der Holländischen
Hauptstadt an, allwo ich von meinen Freunden

gar liebreich empfangen wurde, und mochte es
auch ferner vor ein glücklich Zeichen wohl er=
kennen, daß zwo Bilder, so ich dort zurück=
gelassen, durch die hülfsbereite Vermittelung
meines theueren Meisters van der Helst beide
zu ansehnlichen Preisen verkaufet waren. Ja,
es war dessen noch nicht genug: ein mir schon
früher wohlgewogener Kaufherr ließ mir sagen,
er habe nur auf mich gewartet, daß ich für
sein nach dem Haag verheirathetes Töchterlein
sein Bildniß malen möge; und wurde mir auch
sofort ein reicher Lohn dafür versprochen. Da
dachte ich, wenn ich solches noch vollendete,
daß dann genug des helfenden Metalles in
meinen Händen wäre, um auch ohne andere
Mittel Katharinen in ein wohlbestellet Heim=
wesen einzuführen.

Machte mich also, da mein freundlicher
Gönner desselben Sinnes war, mit allem Eifer

an die Arbeit, so daß ich bald den Tag meiner
Abreise gar fröhlich nah und näher rücken sahe,
unachtend, mit was vor üblen Anständen ich
drüben noch zu kämpfen hätte.

Aber des Menschen Augen sehen das Dunkel
nicht, das vor ihm ist. — Als nun das Bild
vollendet war und reichlich Lob und Gold um
dessen willen mir zu Theil geworden, da konnte
ich nicht fort. Ich hatte in der Arbeit meiner
Schwäche nicht geachtet, die schlecht geheilte
Wunde warf mich wiederum danieder. Eben
wurden zum Weihnachtsfeste auf allen Straßen=
plätzen die Waffelbuden aufgeschlagen, da be=
gann mein Siechthum und hielt mich länger
als das erste Mal gefesselt. Zwar der besten
Arzteskunst und liebreicher Freundespflege war
kein Mangel, aber in Aengsten sahe ich Tag
um Tag vergehen, und keine Kunde konnte von
ihr, keine zu ihr kommen.

Endlich nach harter Winterzeit, da der Zuider=
see wieder seine grünen Wellen schlug, geleiteten
die Freunde mich zum Hafen; aber statt des
frohen Muthes nahm ich itzt schwere Herzens=
sorge mit an Bord. Doch ging die Reise rasch
und gut von Statten.

Von Hamburg aus fuhr ich mit der König=
lichen Post; dann, wie vor nun fast einem
Jahre hiebevor, wanderte ich zu Fuße durch
den Wald, an dem noch kaum die ersten Spitzen
grünten. Zwar probten schon die Finken und
die Ammern ihren Lenzgesang; doch was küm=
merten sie mich heute! — Ich ging aber nicht
nach Herrn Gerhardus' Herrengut; sondern, so
stark mein Herz auch klopfte, ich bog seitwärts
ab und schritt am Waldesrand entlang dem
Dorfe zu; da stund ich bald in Hans Ottsens
Krug und ihm gar selber gegenüber.

Der Alte sah mich seltsam an, meinete aber

doch, ich lasse ja recht munter. „Nur," fügte
er bei, „mit den Schießbüchsen müsset Ihr nicht
wieder spielen; die machen ärgere Flecken, als
so ein Malerpinsel."

Ich ließ ihn gern bei solcher Meinung, so,
wie ich wohl merkete, hier allgemein verbreitet
war, und that vors Erste eine Frage nach
dem alten Dieterich.

Da mußte ich vernehmen, daß er noch vor
dem ersten Winterschnee, wie es so starken
Leuten wohl passiret, eines plötzlichen, wenn
auch gelinden Todes verfahren sei. „Der freuet
sich," sagte Hans Ottsen, „daß er zu seinem
alten Herrn da droben kommen; und ist für
ihn auch besser so."

„Amen!" sprach ich; „mein herzlieber alter
Dieterich!"

Indeß aber mein Herz nur, und immer
banger, nach einer Kundschaft von Katharinen

seufzte, nahm meine furchtsame Zunge einen Um=
weg und ich sprach beklommen: „Was machet
denn Euer Nachbar, der von Risch?"

„Oho," lachte der Alte; „der hat ein Weib
genommen, und eine, die ihn schon zurechte
setzen wird."

Nur im ersten Augenblick erschrak ich; denn
ich sagte mir sogleich, daß er nicht so von
Katharinen reden würde; und da er dann
den Namen nannte, so war's ein ältlich'
aber reiches Fräulein aus der Nachbarschaft;
forschte also muthig weiter, wie's drüben in
Herrn Gerhardus' Haus bestellet sei, und
wie das Fräulein und der Junker mit einander
hauseten.

Da warf der Alte mir wieder seine seltsamen
Blicke zu. „Ihr meint wohl," sagte er, „daß
alte Thürm' und Mauern nicht auch plaudern
könnten!"

„Was soll's der Rede?" rief ich; aber sie
fiel mir centnerschwer aufs Herz.

„Nun, Herr Johannes," und der Alte sahe
mir gar zuversichtlich in die Augen, „wo das
Fräulein hinkommen, das werdet doch Ihr am
besten wissen! Ihr seid derzeit im Herbst ja nicht
zum Letzten hier gewesen; nur wundert's mich,
daß Ihr noch einmal wiederkommen; denn Junker
Wulf wird, denk' ich, nicht eben gute Mien' zum
bösen Spiel gemachet haben."

Ich sah den alten Menschen an, als sei ich
selber hinterfinnig worden; dann aber kam mir
plötzlich ein Gedanke. „Unglücksmann!" schrie
ich! „Ihr glaubet doch nicht etwan, das Fräu=
lein Katharina sei mein Eheweib geworden?"

„Nun, lasset mich nur los!" entgegnete der
Alte — denn ich schüttelte ihn an beiden
Schultern. — „Was geht's mich an! Es
geht die Rede so! Auf alle Fäll'; seit Neujahr

ift das Fräulein im Schloß nicht mehr gefehen
worden."

Ich schwur ihm zu, derzeit fei ich in
Holland krank gelegen; ich wiffe nichts von
alle dem.

Ob er's geglaubet, weiß ich nicht zu fagen;
allein er gab mir kund, es folle dermalen ein
unbekannter Geiftlicher zur Nachtzeit und in
großer Heimlichkeit auf den Herrenhof gekommen
fein; zwar habe Baf' Urfel das Gefinde fchon
zeitig in ihre Kammern getrieben; aber der
Mägde eine, fo durch den Thürfpalt gelaufchet,
wolle auch mich über den Flur nach der Treppe
haben gehen fehen; dann fpäter hätten fie deut=
lich einen Wagen aus dem Thorhaus fahren
hören, und feien feit jener Nacht nur noch
Baf' Urfel und der Junker in dem Schloß ge=
wefen.

— — Was ich von nun an Alles und immer

doch vergebens unternommen, um Katharinen
oder auch nur eine Spur von ihr zu finden, das
soll nicht hier verzeichnet werden. Im Dorfe
war nur das thörichte Geschwätz, davon Hans
Ottsen mich die Probe schmecken lassen; darum
machte ich mich auf nach dem Stifte zu Herrn
Gerhardus' Schwester; aber die Dame wollte mich
nicht vor sich lassen; wurde im Uebrigen mir
auch berichtet, daß keinerlei junges Frauenzimmer
bei ihr gesehen worden. Da reisete ich wieder
zurück und demüthigte mich also, daß ich nach
dem Hause des von der Risch ging und als ein
Bittender vor meinen alten Widersacher hintrat.
Der sagte höhnisch, es möge wohl der Buhz
das Vöglein sich geholet haben; er habe dem
nicht nachgeschaut; auch halte er keinen Auf=
schlag mehr mit denen von Herrn Gerhardus'
Hofe.

Der Junker Wulf gar, der davon vernommen

haben mochte, ließ nach Hans Ottsens Kruge
sagen, so ich mich unterstünde, auch zu ihm zu
bringen, er würde mich noch einmal mit den
Hunden hetzen lassen. — Da bin ich in den Wald
gegangen und hab' gleich einem Strauchdieb am
Weg auf ihn gelauert; die Eisen sind von der
Scheide bloß geworden; wir haben gefochten, bis
ich die Hand ihm wund gehauen und sein Degen
in die Büsche flog. Aber er sahe mich nur mit
seinen bösen Augen an; gesprochen hat er nicht.
— Zuletzt bin ich zu längerem Verbleiben nach
Hamburg kommen, von wo aus ich ohne Anstand
und mit größerer Umsicht meine Nachforschungen
zu betreiben dachte.

Es ist Alles doch umsonst gewesen.

* * *

Aber ich will vors Erste nun die Feder
ruhen lassen. Denn vor mir liegt Dein Brief,

mein lieber Josias; ich soll Dein Töchterlein, meiner Schwester seel. Enkelin, aus der Taufe heben. — Ich werde auf meiner Reise dem Walde vorbeifahren, so hinter Herrn Gerhardus' Hof belegen ist. Aber das Alles gehört ja der Vergangenheit.

Hier schließt das erste Heft der Handschrift. — Hoffen wir, daß der Schreiber ein fröhliches Tauf= fest gefeiert und inmitten seiner Freundschaft an frischer Gegenwart sein Herz erquickt habe!

Meine Augen ruhten auf dem alten Bild mir gegenüber: ich konnte nicht zweifeln, der schöne ernste Mann war Herr Gerhardus. Wer aber war jener todte Knabe, den ihm Meister Johannes hier so sanft in seinen Arm gebettet hatte? — Sinnend nahm ich das zweite und zugleich letzte Heft, dessen Schriftzüge um ein Weniges unsicherer erschienen. Es lautete, wie folgt:

Geliek as Rook un Stoof verswindt,
Also sind ock de Minschenkind.

Der Stein, darauf diese Worte eingehauen
stehen, saß ob dem Thürsims eines alten Hauses.
Wenn ich daran vorbei ging, mußte ich allezeit
meine Augen dahin wenden, und auf meinen
einsamen Wanderungen ist dann selbiger Spruch
oft lange mein Begleiter blieben. Da sie im
letzten Herbste das alte Haus abbrachen, habe
ich aus den Trümmern diesen Stein erstanden,
und ist er heute gleicherweise ob der Thüre
meines Hauses eingemauert worden, wo er nach
mir noch Manchen, der vorübergeht, an die
Nichtigkeit des Irdischen erinnern möge. Mir
aber soll er eine Mahnung sein, ehbevor auch
an meiner Uhr der Weiser stille steht, mit der
Aufzeichnung meines Lebens fortzufahren. Denn
Du, meiner lieben Schwester Sohn, der Du nun
bald mein Erbe sein wirst, mögest mit meinem
kleinen Erbengute dann auch mein Erdenleid dahin nehmen, so ich bei meiner Lebzeit Nieman=

dem, auch), aller Liebe ohnerachtet, Dir nicht
habe anvertrauen mögen.

Item; anno 1666 kam ich zum erften Mal in
diefe Stadt an der Nordfee; maaßen von einer
reichen Branntweinbrenner-Wittwen mir der Auftrag worden, die Auferweckung Lazari zu malen,
welches Bild fie zum fchuldigen und freundlichen
Gedächtniß ihres Seligen, der hiefigen Kirchen
aber zum Zierrath zu ftiften gedachte, allwo es
denn auch noch heute über dem Taufsteine mit
den vier Apofteln zu fchauen ift. Daneben
wünfchte auch der Bürgermeifter, Herr Titus
Axen, fo früher in Hamburg Thumherr und mir
von dort bekannt war, fein Contrefey von mir
gemalt, fo daß ich für eine lange Zeit allhier
zu fchaffen hatte. — Mein Lofament aber hatte
ich bei meinem einzigen und älteren Bruder, der
feit lange fchon das Sekretariat der Stadt be-
kleidete; das Haus, darin er als unbeweibter

Mann lebte, war hoch und räumlich, und war
es dasselbig' Haus mit den zwo Linden an der
Ecken von Markt und Krämerstraße, worin ich,
nachdem es durch meines lieben Bruders Hin=
tritt mir angestorben, anitzt als alter Mann noch
lebe und der Wiedervereinigung mit den voran=
gegangenen Lieben in Demuth entgegenharre.

Meine Werkstätte hatte ich mir in dem großen
Pesel der Wittwe eingerichtet; es war dorten ein
gutes Oberlicht zur Arbeit und bekam Alles ge=
macht und gestellet, wie ich es verlangen mochte.
Nur daß die gute Frau selber gar zu gegen=
wärtig war; denn allaugenblicklich kam sie draußen
von ihrem Schenktisch zu mir hergetrottet mit
ihren Blechgemäßen in der Hand; drängte mit
ihrer Wohlbeleibtheit mir auf den Malstock und
roch an meinem Bild herum; gar eines Vor=
mittages, da ich so eben den Kopf des Lazarus
untermalet hatte, verlangte sie mit viel über=

flüſſigen Worten, der auferweckte Mann ſolle das
Antlitz ihres Seligen zur Schau ſtellen, obſchon
ich dieſen Seligen doch niemalen zu Geſicht be=
kommen, von meinem Bruder auch vernommen
hatte, daß ſelbiger, wie es die Brenner pflegen,
das Zeichen ſeines Gewerbes als eine blaurothe
Naſen im Geſicht herumgetragen; da habe ich
denn, wie man glauben mag, dem unvernünftigen
Weibe gar hart den Daumen gegenhalten müſſen.
Als dann von der Außendiele her wieder neue
Kundſchaft nach ihr gerufen und mit den Ge=
mäßen auf den Schank geklopfet und ſie endlich
von mir laſſen müſſen, da ſank mir die Hand
mit dem Pinſel in den Schooß, und ich mußte
plötzlich des Tages gedenken, da ich eines gar
andern Seligen Antlitz mit dem Stifte nachge=
bildet, und wer da in der kleinen Kapelle ſo ſtill
bei mir geſtanden ſei. — Und alſo rückwärts
ſinnend ſetzte ich meinen Pinſel wieder an; als

aber selbiger eine gute Weile hin und wieder
gegangen, mußte ich zu eigener Verwunderung
gewahren, daß ich die Züge des edlen Herrn
Gerhardus in des Lazari Angesicht hineingetragen
hatte. Aus seinem Lailach blickte des Todten
Antlitz gleichwie in stummer Klage gegen mich,
und ich gedachte: so wird er dir einstmals in
der Ewigkeit entgegentreten!

Ich konnte heut nicht weiter malen; sondern
ging fort und schlich auf meine Kammer ober
der Hausthür, allwo ich mich ans Fenster setzte
und durch den Ausschnitt der Lindenbäume auf
den Markt hinabsah. Es gab aber groß' Gewühl
dort, und war bis drüben an die Rathswage
und weiter bis zur Kirchen Alles voll von Wagen
und Menschen; denn es war ein Donnerstag und
noch die Stunde, daß Gast mit Gaste handeln
durfte, also daß der Stadtknecht mit dem Griper
müßig auf unseres Nachbaren Beischlag saß,

maaßen es vor der Hand keine Brücken zu er=
haschen gab. Die Oftenfelder Weiber mit ihren
rothen Jacken, die Mädchen von den Inseln mit
ihren Kopftüchern und feinem Silberschmuck, da=
zwischen die hochgethürmeten Getreidewagen und
darauf die Bauern in ihren gelben Lederhosen —
dies Alles mochte wohl ein Bild für eines Malers
Auge geben, zumal wenn selbiger, wie ich, bei
den Holländern in die Schule gegangen war;
aber die Schwere meines Gemüthes machte das
bunte Bild mir trübe. Doch war es keine Reu',
wie ich vorhin an mir erfahren hatte; ein seh=
nend Leid kam immer gewaltiger über mich; es
zerfleischte mich mit wilden Krallen und sah mich
gleichwohl mit holden Augen an. Drunten lag
der helle Mittag auf dem wimmelnden Markte;
vor meinen Augen aber dämmerte silberne Mond=
nacht, wie Schatten stiegen ein paar Zacken=
giebel auf, ein Fenster klirrte, und gleich wie aus

Träumen schlugen leis und fern die Nachtigallen.
O du mein Gott und mein Erlöser, der du die
Barmherzigkeit bist, wo war sie in dieser Stunde,
wo hatte meine Seele sie zu suchen? — —

Da hörte ich draußen unter dem Fenster von
einer harten Stimme meinen Namen nennen,
und als ich hinausschaute, ersah ich einen großen
hageren Mann in der üblichen Tracht eines
Predigers, obschon sein herrisch und finster Antlitz
mit dem schwarzen Haupthaar und dem tiefen
Einschnitt ob der Nase wohl eher einem Kriegs-
mann angestanden wäre. Er wies so eben einem
andern, untersetzten Manne von bäuerischem
Aussehen, aber gleich ihm in schwarzwollenen
Strümpfen und Schnallenschuhen, mit seinem
Handstocke nach unserer Hausthür zu, indem
er selbst zumal durch das Marktgewühle von
dannen schritt.

Da ich dann gleich darauf die Thürglocke

schellen hörte, ging ich hinab und lud den Frem=
den in das Wohngemach, wo er von dem Stuhle,
darauf ich ihn genöthigt, mich gar genau und
aufmerksam betrachtete.

Also war selbiger der Küster aus dem Dorfe
norden der Stadt, und erfuhr ich bald, daß man
dort einen Maler brauche, da man des Pastors
Bildniß in die Kirche stiften wolle. Ich forschte
ein wenig, was für Verdienst um die Gemeinde
dieser sich erworben hätte, daß sie solche Ehr'
ihm anzuthun gedächten, da er doch seines Alters
halben noch nicht gar lang im Amte stehen
könne; der Küster aber meinete, es habe der
Pastor freilich wegen eines Stück Ackergrundes
einmal einen Proceß gegen die Gemeinde ange=
strenget, sonst wisse er eben nicht, was Sondres
könne vorgefallen sein; allein es hingen allbereits
die drei Amtsvorweser in der Kirchen, und da
sie, wie er sagen müsse, vernommen hätten, ich

verstünde das Ding gar wohl zu machen, so
sollte der guten Gelegenheit wegen nun auch der
vierte Pastor mit hinein; dieser selber freilich
kümmere sich nicht eben viel darum.

Ich hörte dem Allen zu; und da ich mit
meinem Lazarus am liebsten auf eine Zeit pau=
siren mochte, das Bildniß des Herrn Titus Axen
aber wegen eingetretenen Siechthums desselbigen
nicht beginnen konnte, so hub ich an, dem Auf=
trage näher nachzufragen.

Was mir an Preis für solche Arbeit nun
geboten wurde, war zwar gering, so daß ich
erstlich dachte: sie nehmen Dich für einen Pfennig=
maler, wie sie im Kriegstrosse mitziehen, um die
Soldaten für ihre heimgebliebenen Dirnen ab=
zumalen; aber es muthete mich plötzlich an,
auf eine Zeit allmorgentlich in der goldenen
Herbstessonne über die Haide nach dem Dorf
hinauszuwandern, das nur eine Wegstunde

von unserer Stadt belegen ist. Sagete also zu,
nur mit dem Beding, daß die Malerei draußen
auf dem Dorfe vor sich ginge, da hier in meines
Bruders Hause paßliche Gelegenheit nicht befind=
lich sei.

Deß schien der Küster gar vergnügt, meinend,
dem sei in Allem hiebevor schon fürgesorget;
der Pastor hab' sich solches gleichfalls ausbe=
dungen; item, es sei dazu die Schulstube in
seiner Küsterei erwählet; selbige sei das zweite
Haus im Dorfe und liege nah am Pastorate,
nur hintenaus durch die Priesterkoppel davon
geschieden, so daß also auch der Pastor leicht
hinübertreten könne. Die Kinder, die im Som=
mer doch nichts lernten, würden dann nach
Haus geschicket.

Also schüttelten wir uns die Hände, und da
der Küster auch die Maaße des Bildes fürsorg=
lich mitgebracht, so konnte alles Malgeräth, deß

ich bedurfte, schon Nachmittages mit der Priester=
fuhr hinausbefördert werden.

Als mein Bruder dann nach Hause kam —
erst spät am Nachmittage; denn ein Ehrsamer
Rath hatte dermalen viel Bedrängniß von einer
Schinder=Leichen, so die ehrlichen Leute nicht zu
Grabe tragen wollten — meinete er, ich bekäme
da einen Kopf zu malen, wie er nicht oft auf
einem Priesterkragen sitze, und möchte mich mit
Schwarz und Braunroth wohl versehen; erzählete
mir auch, es sei der Pastor als Feldcapellan
mit den Brandenburgern hier ins Land gekom=
men, als welcher er's fast wilder als die Offiziers
getrieben haben solle; sei übrigens itzt ein scharfer
Streiter vor dem Herrn, der seine Bauern gar
meisterlich zu packen wisse. — Noch merkete mein
Bruder an, daß bei desselbigen Amtseintritt in
unserer Gegend adelige Fürsprach' eingewirket
haben solle, wie es heiße, von drüben aus dem

10*

Holsteinischen her; der Archi=Diakonus habe bei
der Klosterrechnung ein Wörtlein davon fallen
lassen. War jedoch Weiteres meinem Bruder
darob nicht kund geworden.

―――――

. So sahe mich denn die Morgensonne des
nächsten Tages rüstig über die Haide schreiten,
und war mir nur leid, daß letztere allbereits ihr
rothes Kleid und ihren Würzeduft verbrauchet
und also diese Landschaft ihren ganzen Sommer=
schmuck verloren hatte; denn von grünen Bäumen
war weithin nichts zu ersehen; nur der spitze
Kirchthurm des Dorfes, dem ich zustrebte — wie
ich bereits erkennen mochte, ganz von Granit=
quadern auferbaut — stieg immer höher vor mir
in den dunkelblauen Oktoberhimmel. Zwischen
den schwarzen Strohdächern, die an seinem Fuße
lagen, krüppelte nur niedrig Busch= und Baum=
werk; denn der Nordwestwind, so hier frisch von

der See herauf kommt, will freien Weg zu fahren
haben.

Als ich das Dorf erreichet und auch alsbald
mich nach der Küsterei gefunden hatte, stürzte mir
sofort mit lustigem Geschrei die ganze Schul' ent=
gegen; der Küster aber hieß an seiner Hausthür
mich willkommen. „Merket Ihr wohl, wie gern
sie von der Fibel laufen!" sagte er. „Der eine
Bengel hatte Euch schon durchs Fenster kommen
sehen."

In dem Prediger, der gleich danach in's Haus
trat, erkannte ich denselbigen Mann, den ich schon
Tags zuvor gesehen hatte. Aber auf seine fin=
stere Erscheinung war heute gleichsam ein Licht
gesetzet; das war ein schöner blasser Knabe, den
er an der Hand mit sich führte; das Kind
mochte etwan vier Jahre zählen und sahe fast
winzig aus gegen des Mannes hohe knochige
Gestalt.

Da ich die Bildnisse der früheren Prediger
zu sehen wünschte, so gingen wir mitsammen in
die Kirche, welche also hoch belegen ist, daß man
nach den anderen Seiten über Marschen und
Haide, nach Westen aber auf den nicht gar
fernen Meeresstrand hinunterschauen kann. Es
mußte eben Fluth sein; denn die Watten waren
überströmet und das Meer stund wie ein lichtes
Silber. Da ich anmerkte, wie oberhalb desselben
die Spitze des Festlandes und von der andern
Seite diejenige der Insel sich gegen einander
streckten, wies der Küster auf die Wasserfläche,
so dazwischen liegt. „Dort," sagte er, „hat einst
meiner Eltern Haus gestanden; aber anno 34 bei
der großen Fluth trieb es gleich hundert anderen
in den grimmen Wassern; auf der einen Hälfte
des Daches ward ich an diesen Strand geworfen,
auf der anderen fuhren Vater und Bruder in
die Ewigkeit hinaus."

Ich dachte: „So stehet die Kirche wohl am rechten Ort; auch ohne den Pastor wird hier vernehmlich Gottes Wort geprediget."

Der Knabe, welchen Letzterer auf den Arm genommen hatte, hielt dessen Nacken mit beiden Aermchen fest umschlungen und drückte die zarte Wange an das schwarze bärtige Gesicht des Mannes, als finde er so den Schutz vor der ihn schreckenden Unendlichkeit, die dort vor unseren Augen ausgebreitet lag.

Als wir in das Schiff der Kirche eingetreten waren, betrachtete ich mir die alten Bildnisse und sahe auch einen Kopf darunter, der wohl eines guten Pinsels werth gewesen wäre; jedennoch war es Alles eben Pfennigmalerei, und sollte demnach der Schüler van der Helfts hier in gar sondere Gesellschaft kommen.

Da ich solches eben in meiner Eitelkeit be= dachte, sprach die harte Stimme des Pastors

neben mir: „Es ist nicht meines Sinnes, daß
der Schein des Staubes dauere, wenn der Odem
Gottes ihn verlassen; aber ich habe der Gemeine
Wunsch nicht widerstreben mögen; nur, Meister,
machet es kurz; ich habe besseren Gebrauch für
meine Zeit."

Nachdem ich dem finsteren Manne, an dessen
Antlitz ich gleichwohl für meine Kunst Gefallen
fand, meine beste Bemühung zugesaget, frug
ich einem geschnitzten Bilde der Maria nach,
so von meinem Bruder mir war gerühmet
worden.

Ein fast verachtend Lächeln ging über des
Predigers Angesicht. „Da kommet Ihr zu spät,"
sagte er, „es ging in Trümmer, da ich's aus der
Kirche schaffen ließ."

Ich sah ihn fast erschrocken an. „Und wolltet
Ihr des Heilands Mutter nicht in Euerer Kirche
dulden?"

„Die Züge von des Heilands Mutter," entgegnete er, „sind nicht überliefert worden."

— „Aber wollet Ihr's der Kunst mißgönnen, sie in frommem Sinn zu suchen?"

Er blickte eine Weile finster auf mich herab; denn, obschon ich zu den Kleinen nicht zu zählen, so überragte er mich doch um eines halben Kopfes Höhe; — dann sprach er heftig: „Hat nicht der König die holländischen Papisten dort auf die zerrissene Insel herberufen; nur um durch das Menschenwerk der Deiche des Höchsten Strafgericht zu trotzen? Haben nicht noch letztlich die Kirchenvorsteher drüben in der Stadt sich zwei der Heiligen in ihr Gestühlte schnitzen lassen? Betet und wachet! Denn auch hier geht Satan noch von Haus zu Haus! Diese Marienbilder sind nichts als Säugammen der Sinnenlust und des Papismus; die Kunst hat allzeit mit der Welt gebuhlt!"

Ein dunkles Feuer glühte in seinen Augen, aber seine Hand lag liebkosend auf dem Kopf des blassen Knaben, der sich an seine Kniee schmiegte.

Ich vergaß darob des Pastors Worte zu er= widern; mahnete aber danach, daß wir in die Küsterei zurückgingen, wo ich alsdann meine edle Kunst an ihrem Widersacher selber zu er= proben anhub.

Also wanderte ich fast einen Morgen um
den andern über die Haide nach dem Dorfe,
wo ich allezeit den Pastor schon meiner harrend
antraf. Geredet wurde wenig zwischen uns;
aber das Bild nahm desto rascheren Fortgang.
Gemeiniglich saß der Küster neben uns und
schnitzete allerlei Geräthe gar säuberlich aus
Eichenholz, dergleichen als eine Hauskunst hier
überall betrieben wird; auch habe ich das Käst-
lein, woran er derzeit arbeitete, von ihm erstanden und darin vor Jahren die ersten Blätter
dieser Niederschrift hinterlegt, alswie denn auch
mit Gotteswillen diese letzten darin sollen beschlossen sein.

— In des Predigers Wohnung wurde ich nicht geladen und betrat selbige auch nicht; der Knabe aber war allzeit mit ihm in der Küsterei; er stand an seinen Knieen oder er spielte mit Kieselsteinchen in der Ecke des Zimmers. Da ich selbigen einmal fragte, wie er heiße, antwortete er: „Johannes!" — „Johannes?" entgegnete ich, „so heiße ich ja auch!" — Er sah mich groß an, sagte aber weiter nichts.

Weßhalb rühreten diese Augen so an meine Seele? — Einmal gar überraschete mich ein finsterer Blick des Pastors, da ich den Pinsel müßig auf der Leinewand ruhen ließ. Es war etwas in dieses Kindes Antlitz, das nicht aus seinem kurzen Leben kommen konnte; aber es war kein froher Zug. So, dachte ich, sieht ein Kind, das unter einem kummerschweren Herzen ausgewachsen. Ich hätte oft die Arme nach ihm breiten mögen; aber ich scheuete mich vor dem harten Manne, der es gleich einem Kleinod zu behüten schien. Wohl dachte ich oft: „Welch eine Frau mag dieses Knaben Mutter sein?" —

Des Küsters alte Magd hatte ich einmal nach des Predigers Frau befragt; aber sie hatte mir kurzen Bescheid gegeben: „Die kennt man nicht; in die Bauernhäuser kommt sie kaum, wenn Kindelbier und Hochzeit ist." — Der Pastor selbst sprach nicht von ihr. Aus dem Garten der Küsterei, welcher in eine dichte Gruppe von Fliederbüschen ausläuft, sahe ich sie einmal langsam über die Priesterkoppel nach ihrem Hause gehen; aber sie hatte mir den Rücken zugewendet, so daß ich nur ihre schlanke jugendliche Gestalt gewahren konnte, und außerdem ein paar gekräuselte Löckchen, in der Art, wie sie sonst nur von den Vornehmeren getragen werden, und die der Wind von ihren Schläfen wehte. Das Bild ihres finsteren

Ehgesponsen trat mir vor die Seele, und mir schien, es passe dieses Paar nicht wohl zusammen.

— — An den Tagen, wo ich nicht da draußen war, hatte ich auch die Arbeit an meinem Lazarus wieder aufgenommen, so daß nach einiger Zeit diese Bilder mit einander nahezu vollendet waren.

So saß ich eines Abends nach vollbrachtem Tagewerke mit meinem Bruder unten in unserem Wohngemache. Auf dem Tisch am Ofen war die Kerze fast herabgebrannt und die holländische Schlaguhr hatte schon auf Eilf gewarnt; wir aber saßen am Fenster und hatten der Gegenwart vergessen; denn wir gedachten der kurzen Zeit, die wir mitsammen in unserer Eltern Haus verlebt hatten; auch unseres einzigen lieben Schwesterleins gedachten wir, das im ersten Kindbette verstorben und nun seit

lange schon mit Vater und Mutter einer fröh=
lichen Auferstehung entgegenharrete. — Wir
hatten die Läden nicht vorgeschlagen; denn es
that uns wohl, durch das Dunkel, so draußen
auf den Erdenwohnungen der Stadt lag, in
das Sternenlicht des ewigen Himmels hinauf=
zublicken.

Am Ende verstummeten wir beide in uns
selber, und wie auf einem dunklen Strome
trieben meine Gedanken zu ihr, bei der sie all=
zeit Rast und Unrast fanden. — — Da, gleich
einem Stern aus unsichtbaren Höhen, fiel es
mir jählings in die Brust: Die Augen des
schönen blassen Knaben, es waren ja ihre Augen!
Wo hatte ich meine Sinne denn gehabt! — —
Aber dann, wenn sie es war, wenn ich sie
selber schon gesehen! — Welch' schreckbare Ge=
danken stürmten auf mich ein!

Indem legte sich die eine Hand meines Bru=

ders mir auf die Schulter, mit der andern wies
er auf den dunkeln Markt hinaus, von wannen
aber itzt ein heller Schein zu uns herüber=
schwankte. „Sieh nur!" sagte er. „Wie gut,
daß wir das Pflaster mit Sand und Haide
ausgestopfet haben! Die kommen von des
Glockengießers Hochzeit; aber an ihren Stock=
leuchten sieht man, daß sie gleichwohl hin und
wieder stolpern."

Mein Bruder hatte Recht. Die tanzenden
Leuchten zeugeten deutlich von der Trefflichkeit
des Hochzeitschmauses; sie kamen uns so nahe,
daß die zwei gemalten Scheiben, so letzlich von
meinem Bruder als eines Glasers Meisterstück
erstanden waren, in ihren satten Farben wie
in Feuer glühten. Als aber dann die Gesell=
schaft an unserem Hause laut redend in die
Krämerstraße einbog, hörete ich einen unter
ihnen sagen: „Ei freilich; das hat der Teufel

uns verpurret! Hatte mich leblang darauf ge=
spitzet, einmal eine richtige Hex' so in der
Flammen singen zu hören!"

Die Leuchten und die lustigen Leute gingen
weiter, und draußen die Stadt lag wieder still
und dunkel.

„O weh!" sprach mein Bruder; „den trübet,
was mich tröstet."

Da fiel es mir erst wieder bei, daß am näch=
sten Morgen die Stadt ein grausam Spektakul
vor sich habe. Zwar war die junge Person,
so wegen einbekannten Bündnisses mit dem
Satan zu Aschen sollte verbrannt werden, am
heutigen Morgen vom Frohne todt in ihrem
Kerker aufgefunden worden; aber dem todten
Leibe mußte gleichwohl sein peinlich Recht ge=
schehen.

Das war nun vielen Leuten gleich einer kalt
gestellten Suppen. Hatte doch auch die Buch=

führer=Wittwe Liebernickel, so unter dem Thurm
der Kirche den grünen Bücherschranken hat, mir
am Mittage, da ich wegen der Zeitung bei ihr
eingetreten, aufs Heftigste geklaget, daß nun
das Lied, so sie im Voraus darüber habe an=
fertigen und drucken lassen, nur kaum noch
passen werde, wie die Faust aufs Auge. Ich
aber, und mit mir mein viel lieber Bruder,
hatte so meine eigenen Gedanken von dem
Hexenwesen; und freuete mich, daß unser Herr=
gott — denn der war es doch wohl gewesen — das
arme junge Mensch so gnädiglich in seinen
Schooß genommen hatte.

Mein Bruder, welcher weichen Herzens war,
begann gleichwohl der Pflichten seines Amts
sich zu beklagen; denn er hatte drüben von der
Rathhaustreppe das Urthel zu verlesen, sobald
der Racker den todten Leichnam davor aufge=
fahren, und hernach auch der Justification selber

zu affiſtiren. „Es ſchneidet mir ſchon itzund
in das Herz;" ſagte er, „das grenelhafte Gejohle,
wenn ſie mit dem Karren die Straße herab=
kommen; denn die Schulen werden ihre Buben
und die Zunftmeiſter ihre Lehrburſchen los=
laſſen. — An Deiner Statt," fügte er bei,
„der Du ein freier Vogel biſt, würde ich aufs
Dorf hinausmachen, und an dem Conterfey des
ſchwarzen Paſtors weiter malen!"

Nun war zwar feſtgeſetzet worden, daß ich
am nächſtfolgenden Tage erſt wieder hinaus=
käme; aber mein Bruder redete mir zu, un=
wiſſend, wie er die Ungeduld in meinem Herzen
ſchürte; und ſo geſchah es, daß Alles ſich er=
füllen mußte, was ich getrenlich in dieſen
Blättern niederſchreiben werde.

Am andern Morgen, als drüben vor meinem
Kammerfenster nur kaum der Kirchthurmhahn
in rothem Frühlicht blinkte, war ich schon von
meinem Lager aufgesprungen; und bald schritt
ich über den Markt, allwo die Bäcker, vieler
Käufer harrend, ihre Brodschragen schon geöffnet
hatten; auch sahe ich, wie an dem Rathhause
der Wachtmeister und die Fußknechte in Be=
wegung waren, und hatte Einer bereits einen
schwarzen Teppich über das Geländer der
großen Treppe aufgehangen; ich aber ging
durch den Schwibbogen, so unter dem Rath=
hause ist, eilends zur Stadt hinaus.

Als ich hinter dem Schloßgarten auf dem
Steige war, sahe ich drüben bei der Lehmkuhle,
wo sie den neuen Galgen hingeseßet, einen
mächtigen Holzstoß aufgeschichtet. Ein paar
Leute handtirten noch daran herum, und mochten
das der Frohn und seine Knechte sein, die
leichten Brennstoff zwischen die Hölzer thaten;
von der Stadt her aber kamen schon die ersten
Buben über die Felder ihnen zugelaufen. —
Ich achtete deß nicht weiter, sondern wanderte
rüstig fürbaß, und da ich hinter den Bäumen
hervortrat, sahe ich mir zur Linken das Meer
im ersten Sonnenstrahl entbrennen, der im
Osten über die Haide emporstieg. Da mußte
ich meine Hände falten:

> „O Herr mein Gott und Christ,
> Sei gnädig mit uns Allen,
> Die wir in Sünd' gefallen,
> Der Du die Liebe bist!" — —

Als ich draußen war, wo die breite Land=
straße durch die Haide führt, begegneten mir
viele Züge von Bauern; sie hatten ihre kleinen
Jungen und Dirnen an den Händen und zogen
sie mit sich fort.

„Wohin strebet Ihr denn so eifrig?" frug
ich einen Haufen; „es ist ja doch kein Markt=
tag heute in der Stadt."

Nun, wie ich's wohl zum Voraus wußte, sie
wollten die Hexe, das junge Satansmensch, ver=
brennen sehen.

— „Aber die Hexe ist ja todt!"

„Freilich, das ist ein Verdruß;" meineten sie;
„aber es ist unserer Hebamme, der alten Mutter
Siebzig, ihre Schwestertochter; da können wir
nicht außen bleiben und müssen mit dem Reste
schon fürlieb nehmen."

— — Und immer neue Schaaren kamen da=
her; und itzund tauchten auch schon Wagen aus

dem Morgennebel, die statt mit Kornfrucht heut
mit Menschen vollgeladen waren. — Da ging
ich abseits über die Haide, obwohl noch der
Nachtthau von dem Kraute rann; denn mein
Gemüth verlangte nach der Einsamkeit; und ich
sahe von fern, wie es den Anschein hatte, das
ganze Dorf des Weges nach der Stadt ziehen.
Als ich auf dem Hünenhügel stund, der hier
inmitten der Haide liegt, überfiel es mich, als
müsse auch ich zur Stadt zurückkehren oder etwan
nach links hinab an die See gehen, oder nach
dem kleinen Dorfe, das dort unten hart am
Strande liegt; aber vor mir in der Luft schwebte
etwas, wie ein Glück, wie eine rasende Hoffnung, und es schüttelte mein Gebein, und meine
Zähne schlugen aneinander. „Wenn sie es wirklich war, so letztlich mit meinen eigenen Augen
ich erblickt, und wenn dann heute" — — Ich
fühlte mein Herz gleich einem Hammer an den

Rippen; ich ging weit um durch die Haide; ich wollte nicht sehen, ob auf der Wagen einem auch der Prediger nach der Stadt fahre. — Aber ich ging dennoch endlich seinem Dorfe zu.

Als ich es erreichet hatte, schritt ich eilends nach der Thür des Küsterhauses. Sie war ver= schlossen. Eine Weile stund ich unschlüssig; dann hub ich mit der Faust zu klopfen an. Drinnen blieb Alles ruhig; als ich aber stärker klopfte, kam des Küsters alte halbblinde Trienke aus einem Nachbarhause.

„Wo ist der Küster?" frug ich.

— „Der Küster? Mit dem Priester in die Stadt gefahren."

Ich starrte die Alte an; mir war, als sei ein Blitz durch mich dahin geschlagen.

„Fehlet Euch etwas, Herr Maler?" frug sie.

Ich schüttelte den Kopf und sagte nur: „So ist wohl heute keine Schule, Trienke?"

— „Bewahr'! Die Hex' wird ja verbrannt!"

Ich ließ mir von der Alten das Haus auf=
schließen, holte mein Malgeräthe und das fast
vollendete Bildniß aus des Küsters Schlafkammer
und richtete, wie gewöhnlich, meine Staffelei in
dem leeren Schulzimmer. Ich pinselte etwas an
der Gewandung; aber ich suchte damit nur mich
selber zu belügen; ich hatte keinen Sinn zum
Malen; war ja um dessen willen auch nicht hie=
her gekommen.

Die Alte kam hereingelaufen, stöhnte über die
arge Zeit und redete über Bauern= und Dorf=
sachen, die ich nicht verstund; mich selber drängte
es, sie wieder einmal nach des Predigers Frau
zu fragen, ob selbige alt oder jung, und auch,
woher sie gekommen sei; allein ich brachte das
Wort nicht über meine Zunge. Dagegen be=
gann die Alte ein lang Gespinnste von der Hex'
und ihrer Sippschaft hier im Dorfe und von

der Mutter Siebenzig, so mit Vorspuk-Sehen
behaftet sei; erzählte auch, wie selbige zur Nacht,
da die Gicht dem alten Weibe keine Ruh' gelassen, drei Leichlaken über des Pastors Haus-
dach habe fliegen sehen; es gehe aber solch'
Gesichte allzeit richtig aus, und Hoffart komme
vor dem Falle; denn sei die Frau Pastorin bei
aller ihrer Vornehmheit doch nur eine blasse
und schwächliche Kreatur.

Ich mochte solch' Geschwätz nicht fürder hören;
ging daher aus dem Hause und auf dem Wege
herum, da wo das Pastorat mit seiner Fronte
gegen die Dorfstraße liegt; wandte auch unter
bangem Sehnen meine Augen nach den weißen
Fenstern, konnte aber hinter den blinden Scheiben
nichts gewahren, als ein paar Blumenscherben,
wie sie überall zu sehen sind. — Ich hätte nun
wohl umkehren mögen; aber ich ging dennoch
weiter. Als ich auf den Kirchhof kam, trug von

der Stadtseite der Wind ein wimmernd Glocken=
läuten an mein Ohr; ich aber wandte mich und
blickte hinab nach Westen, wo wiederum das
Meer wie lichtes Silber am Himmelssaume hin=
floß, und war doch ein tobend Unheil dort ge=
wesen, worin in einer Nacht des Höchsten Hand viel
tausend Menschenleben hingeworfen hatte. Was
krümmete denn ich mich so gleich einem Wurme?
— Wir sehen nicht, wie seine Wege führen!

Ich weiß nicht mehr, wohin mich damals
meine Füße noch getragen haben; ich weiß nur,
daß ich in einem Kreis gegangen bin; denn da
die Sonne fast zur Mittagshöhe war, langte ich
wieder bei der Küsterei an. Ich ging aber nicht
in das Schulzimmer an meine Staffelei, son=
dern durch das Hinterpförtlein wieder zum
Hause hinaus. — —

Das ärmliche Gärtlein ist mir unvergessen,
obschon seit jenem Tage meine Augen es nicht

mehr geſehen. — Gleich dem des Predigerhauſes
von der anderen Seite, trat es als ein breiter
Streifen in die Prieſterkoppel; inmitten zwiſchen
beiden aber war eine Gruppe dichter Weiden=
büſche, welche zur Einfaſſung einer Waſſergrube
dienen mochten; denn ich hatte einmal eine
Magd mit vollem Eimer wie aus einer Tiefe
daraus hervorſteigen ſehen.

Als ich ohne viel Gedanken, nur mein Ge=
müthe erfüllet von nicht zu zwingender Unraſt,
an des Küſters abgeheimſten Bohnenbeeten hin=
ging, hörte ich von der Koppel draußen eine
Frauenſtimme von gar holdem Klang, und wie
ſie liebreich einem Kinde zuſprach.

Unwillens ſchritt ich ſolchem Schalle nach;
ſo mochte einſt der griechiſche Heidengott mit
ſeinem Stabe die Todten nach ſich gezogen haben.
Schon war ich am jenſeitigen Rande des Hollun=
dergebüſches, das hier ohne Verzäunung in die

Koppel ausläuft, da sahe ich den kleinen Jo=
hannes mit einem Aermchen voll Moos, wie es
hier in dem kümmerlichen Grase wächst, gegen=
über hinter die Weiden gehen; er mochte sich dort
damit nach Kinderart ein Gärtchen angeleget
haben. Und wieder kam die holde Stimme an
mein Ohr: „Nun heb nur an; nun hast du
einen ganzen Haufen! Ja, ja; ich such' derweil
noch mehr; dort am Hollunder wächst genug!"
Und dann trat sie selber hinter den Weiden
hervor; ich hatte ja längst schon nicht gezweifelt.
— Mit den Augen auf dem Boden suchend,
schritt sie zu mir her, so daß ich ungestört sie
betrachten durfte; und mir war, als gliche sie
nun gar seltsam dem Kinde wieder, das sie einst
gewesen war, für das ich den „Buhz" einst von
dem Baum herabgeschossen hatte; aber dieses
Kinderantlitz von heute war bleich, und weder
Glück noch Muth darin zu lesen.

So war sie mählich näher kommen, ohne meiner zu gewahren; dann knieete sie nieder an einem Streifen Moos, der unter den Büschen hinlief, wo ich stand; doch ihre Hände pflückten nicht davon; sie ließ das Haupt auf ihre Brust sinken, und es war, als wolle sie nur ungesehen vor dem Kinde in ihrem Leibe ausruhen.

Da rief ich leise: „Katharina!"

Sie blickte auf; ich aber ergriff ihre Hand und zog sie gleich einer Willenlosen zu mir unter den Schatten der Büsche. Doch als ich sie endlich also nun gefunden hatte und keines Wortes mächtig vor ihr stund, da sahen ihre Augen weg von mir, und mit fast einer fremden Stimme sprach sie: „Es ist nun einmal so, Johannes! Ich wußte wohl, Du seiest der fremde Maler; ich dachte nur nicht, daß Du heute kommen würdest."

Ich hörte das, und dann sprach ich es aus:

„Katharina, — — — so bist Du des Predigers Eheweib?"

Sie nickte nicht; sie sah mich starr und schmerzlich an. „Er hat das Amt dafür bekommen," sagte sie, „und Dein Kind den ehrlichen Namen."

— „Mein Kind, Katharina?"

„Und fühltest Du das nicht? Er hat ja doch auf Deinem Schooß gesessen; einmal doch, er selbst hat es mir erzählt."

— — Möge keines Menschen Brust ein solches Weh zerfleischen! — „Und Du, Du und mein Kind, Ihr solltet mir verloren sein!"

Sie sah mich an, sie weinte nicht, sie war nur gänzlich todtenbleich.

„Ich will das nicht!" schrie ich; „ich will" ... Und eine wilde Gedankenjagd rasete mir durchs Hirn.

Aber ihre kleine Hand hatte gleich einem kühlen Blatte sich auf meine Stirn gelegt, und ihre braunen Augensterne aus dem blassen Antlitz sahen mich flehend an. „Du, Johannes," sagte sie, „Du wirst es nicht sein, der mich noch elender machen will."

— „Und kannst denn Du so leben, Katharina?"

„Leben? — — Es ist ja doch ein Glück dabei; er liebt das Kind; — was ist denn mehr noch zu verlangen?"

— „Und von uns, von dem, was einst gewesen ist, weiß er denn?" — —

„Nein, nein!" rief sie heftig. „Er nahm die Sünderin zum Weibe: mehr nicht. O Gott, ist's denn nicht genug, daß jeder neue Tag ihm angehört!"

In diesem Augenblicke tönte ein zarter Gesang zu uns herüber. — „Das Kind," sagte sie. „Ich muß zu dem Kinde; es könnte ihm ein Leids geschehen!"

Aber meine Sinne zielten nur auf das Weib, das sie begehrten. „Bleib doch;" sagte ich, „es spielt ja fröhlich dort mit seinem Moose."

Sie war an den Rand des Gebüsches getreten und horchte hinaus. Die goldene Herbstsonne schien so warm hernieder, nur ein leichter Hauch kam von der See herauf. Da hörten wir von jenseit durch die Weiden das Stimmlein unseres Kindes singen:

> „Zwei Englein, die mich decken,
> Zwei Englein, die mich strecken,
> Und zwei, so mich weisen
> In das himmlische Paradeisen."

Katharina war zurückgetreten und ihre Augen sahen groß und geisterhaft mich an. „Und nun leb' wohl, Johannes," sprach sie leise; „auf Nimmerwiedersehen hier auf Erden!"

Storm, Aquis submersus.

Ich wollte sie an mich reißen; ich streckte beide Arme nach ihr aus; doch sie wehrete mich ab und sagte sanft: „Ich bin des anderen Mannes Weib; vergiß das nicht."

Mich aber hatte auf diese Worte ein fast wilder Zorn ergriffen. „Und wessen, Katharina," sprach ich hart, „bist Du gewesen, bevor Du sein geworden?"

Ein weher Klaglaut brach aus ihrer Brust: sie schlug die Hände vor ihr Angesicht und rief: „Weh mir! O wehe, mein entweihter armer Leib!"

Da wurd' ich meiner schier unmächtig; ich riß sie jäh an meine Brust, ich hielt sie wie mit Eisenklammern und hatte sie endlich, endlich wieder! Und ihre Augen sanken in die meinen, und ihre rothen Lippen duldeten die meinen; wir umschlangen uns inbrünstiglich; ich hätte sie tödten mögen, wenn wir also miteinander

hätten sterben können. Und als dann meine
Blicke voll Seeligkeit auf ihrem Antlitz weideten,
da sprach sie, fast erstickt von meinen Küssen:
„Es ist ein langes, banges Leben! O, Jesu
Christ, vergieb mir diese Stunde!"

— — Es kam eine Antwort; aber es war
die harte Stimme jenes Mannes, aus dessen
Munde ich itzt zum ersten Male ihren Namen
hörte. Der Ruf kam von drüben aus dem
Predigergarten, und noch einmal und härter
rief es: „Katharina!"

Da war das Glück vorbei; mit einem Blicke
der Verzweiflung sahe sie mich an; dann stille
wie ein Schatten war sie fort.

— — Als ich in die Küsterei trat, war auch
schon der Küster wieder da. Er begann sofort
von der Justification der armen Hexe auf mich
einzureden. „Ihr haltet wohl nicht viel davon;"
sagte er; „sonst wäret Ihr heute nicht aufs

Dorf gegangen, wo der Herr Pastor gar die
Bauern und ihre Weiber in die Stadt ge=
trieben."

Ich hatte nicht die Zeit zur Antwort; ein
gellender Schrei durchschnitt die Luft; ich werde
ihn leblang in den Ohren haben.

„Was war das, Küster?" rief ich.

Der Mann riß ein Fenster auf und horchete
hinaus; aber es geschah nichts weiter. „So
mir Gott", sagte er, „es war ein Weib, das
so geschrieen hat; und drüben von der Priester=
koppel kam's."

Indem war auch die alte Trienke in die
Thür getreten. „Nun, Herr?" rief sie mir zu.
„Die Leichlaken sind auf des Pastors Dach
gefallen!"

— „Was soll das heißen, Trienke?"

„Das soll heißen, daß sie des Pastors kleinen
Johannes so eben aus dem Wasser ziehen."

Ich stürzte aus dem Zimmer und durch den
Garten auf die Priesterkoppel; aber unter den
Weiden fand ich nur das dunkle Wasser und
Spuren feuchten Schlammes daneben auf dem
Grase. — Ich bedachte mich nicht, es war
ganz wie von selber, daß ich durch das weiße
Pförtchen in des Pastors Garten ging. Da
ich eben ins Haus wollte, trat er selber mir
entgegen.

Der große knochige Mann sah gar wüste
aus; seine Augen waren geröthet und das
schwarze Haar hing wirr ihm ins Gesicht.
„Was wollt Ihr?" sagte er.

Ich starrte ihn an; denn mir fehlete das
Wort. Ja, was wollte ich denn eigentlich?

„Ich kenne Euch!" fuhr er fort. „Das Weib
hat Alles ausgeredet."

Das machte mir die Zunge frei. „Wo ist
mein Kind?" rief ich.

Er sagte: „Die beiden Eltern haben es er=
trinken laſſen."

— „So laßt mich zu meinem todten Kinde!"

Allein, da ich an ihm vorbei in den Haus=
flur wollte, drängte er mich zurück. „Das
Weib," ſprach er, „liegt bei dem Leichnam und
ſchreit zu Gott aus ihren Sünden. Ihr ſollt
nicht hin, um ihrer armen Seelen Seeligkeit!"

Was dermalen ſelber ich geſprochen, iſt mir
ſchier vergeſſen; aber des Predigers Worte
gruben ſich in mein Gedächtniß. „Höret mich!"
ſprach er. „So von Herzen ich Euch haſſe,
wofür dereinſt mich Gott in ſeiner Gnade wolle
büßen 'laſſen, und Ihr vermuthendlich auch
mich, — noch iſt Eines uns gemeinſam. —
Geht itzo heim und bereitet eine Tafel oder
Leinewand! Mit ſolcher kommet morgen in
der Frühe wieder und malet darauf des todten
Knaben Antlitz. Nicht mir oder meinem Hauſe;

der Kirchen hier, wo er sein kurz unschuldiges Leben ausgelebet, mögt Ihr das Bildniß stiften. Mög' es dort die Menschen mahnen, daß vor der knöchern Hand des Todes Alles Staub ist!"

Ich blickte auf den Mann, der kurz vordem die edle Malerkunst ein Buhlweib mit der Welt gescholten; aber ich sagte zu, daß Alles so ge= schehen möge.

— — Daheim indessen wartete meiner eine Kunde, so meines Lebens Schuld und Buße gleich einem Blitze jählings aus dem Dunkel hob, so daß ich Glied um Glied die ganze Kette vor mir leuchten sahe.

Mein Bruder, dessen schwache Constitution von dem abscheulichen Spektakul, dem er heute assistiren müssen, hart ergriffen war, hatte sein Bette aufgesucht. Da ich zu ihm eintrat, richtete er sich auf. „Ich muß noch eine Weile ruhen;" sagte er, indem er ein Blatt der Wochenzeitung

in meine Hand gab: „aber lies doch dieses!
Da wirst Du sehen, daß Herrn Gerhardus'
Hof in fremde Hände kommen, maaßen Junker
Wulf ohn' Weib und Kind durch den Biß
eines tollen Hundes gar jämmerlichen Todes
verfahren ist."

Ich griff nach dem Blatte, das mein Bruder
mir entgegenhielt; aber es fehlte nicht viel, daß
ich getaumelt wäre. Mir war's bei dieser
Schreckenspost, als sprängen des Paradieses
Pforten vor mir auf; aber schon sahe ich am
Eingange den Engel mit dem Feuerschwerte
stehen, und aus meinem Herzen schrie es wieder:
O Hüter, Hüter, war Dein Ruf so fern! — —
Dieser Tod hätte uns das Leben werden
können; nun war's nur ein Entsetzen zu den
andern.

Ich saß oben auf meiner Kammer. Es wurde
Dämmerung, es wurde Nacht; ich schaute in

die ewigen Gestirne, und endlich suchte auch ich
mein Lager. Aber die Erquickung des Schlafes
ward mir nicht zu Theil. In meinen erregten
Sinnen war es mir gar seltsamlich, als sei der
Kirchthurm drüben meinem Fenster nah gerückt;
ich fühlte die Glockenschläge durch das Holz
der Bettstadt dröhnen, und ich zählete sie alle
die ganze Nacht entlang. Doch endlich dämmerte der Morgen. Die Balken an der Decke
hingen noch wie Schatten über mir, da sprang
ich auf, und ehebevor die erste Lerche aus den
Stoppelfeldern stieg, hatte ich allbereits die
Stadt im Rücken.

Aber so frühe ich auch ausgegangen, ich traf
den Prediger schon auf der Schwelle seines
Hauses stehen. Er geleitete mich auf den Flur
und sagte, daß die Holztafel richtig angelanget,
auch meine Staffelei und sonstiges Malergeräth
aus dem Küsterhause herübergeschaffet sei. Dann

legte er seine Hand auf die Klinke einer Stubenthür.

Ich jedoch hielt ihn zurück und sagte: „Wenn es in diesem Zimmer ist, so wollet mir vergönnen bei meinem schweren Werk allein zu sein!"

„Es wird Euch Niemand stören;" entgegnete er und zog die Hand zurück. „Was Ihr zur Stärkung Eures Leibes bedürfet, werdet Ihr drüben in jenem Zimmer finden." Er wies auf eine Thür an der anderen Seite des Flures; dann verließ er mich.

Meine Hand lag itzund statt der des Predigers auf der Klinke. Es war todtenstill im Hause; eine Weile mußte ich mich sammeln, bevor ich öffnete.

Es war ein großes, fast leeres Gemach, wohl für den Confirmanden-Unterricht bestimmt, mit kahlen weißgetünchten Wänden; die Fenster

sahen über öde Felder nach dem fernen Strand
hinaus. Inmitten des Zimmers aber stund
ein weißes Lager aufgebahret. Auf dem Kissen
lag ein bleiches Kinderangesicht; die Augen zu;
die kleinen Zähne schimmerten gleich Perlen
aus den blassen Lippen.

Ich fiel an meines Kindes Leiche nieder und
sprach ein brünstiglich Gebet. Dann rüstete ich
Alles, wie es zu der Arbeit nöthig war; und
dann malte ich; — rasch, wie man die Todten
malen muß, die nicht zum zweiten Mal das=
selbig' Antlitz zeigen. Mitunter wurd' ich wie
von der andauernden großen Stille aufgeschrecket;
doch wenn ich innehielt und horchte, so wußte ich
bald, es sei nichts dagewesen. Einmal auch war
es, als drängen leise Odemzüge an mein Ohr. —
Ich trat an das Bette des Todten, aber da ich
mich zu dem bleichen Mündlein niederbeugte,
berührte nur die Todeskälte meine Wangen.

Ich sahe um mich; es war noch eine Thür
im Zimmer; sie mochte zu einer Schlafkammer
führen, vielleicht, daß es von dort gekommen
war! Allein so scharf ich lauschte, ich vernahm
nichts wieder; meine eigenen Sinne hatten wohl
ein Spiel mit mir getrieben.

So setzte ich mich denn wieder, sah auf den
kleinen Leichnam und malete weiter; und da
ich die leeren Händchen ansahe, wie sie auf dem
Linnen lagen, so dachte ich: „Ein klein Geschenk
doch mußt du deinem Kinde geben!" Und ich
malte auf seinem Bildniß ihm eine weiße
Wasserlilie in die Hand, als sei es spielend
damit eingeschlafen. Solcher Art Blumen gab
es selten in der Gegend hier, und mocht es
also ein erwünschet Angebinde sein.

Endlich trieb mich der Hunger von der Arbeit
auf, mein ermüdeter Leib verlangte Stärkung.
Legete sonach den Pinsel und die Palette fort

und ging über den Flur nach dem Zimmer, so
der Prediger mir angewiesen hatte. Indem ich
aber eintrat, wäre ich vor Ueberraschung bald
zurückgewichen; denn Katharina stund mir gegen=
über, zwar in schwarzen Trauerkleidern, und
doch in all' dem Zauberschein, so Glück und
Liebe in eines Weibes Antlitz wirken mögen.

Ach, ich wußte es nur zu bald; was ich hier
sahe, war nur ihr Bildniß, das ich selber einst
gemalt. Auch für dieses war also nicht mehr
Raum in ihres Vaters Haus gewesen. — Aber
wo war sie selber denn? Hatte man sie fort=
gebracht oder hielt man sie auch hier gefangen?
— Lang, gar lange sahe ich das Bildniß an;
die alte Zeit stieg auf und quälete mein Herz.
Endlich, da ich mußte, brach ich einen Bissen
Brod und stürzete ein paar Gläser Wein hinab;
dann ging ich zurück zu unserem todten Kinde.

Als ich drüben eingetreten und mich an die

Arbeit setzen wollte, zeigte es sich, daß in dem
kleinen Angesicht die Augenlider um ein Weniges
sich gehoben hatten. Da bückte ich mich hinab,
im Wahne, ich möchte noch einmal meines
Kindes Blick gewinnen; als aber die kalten
Augensterne vor mir lagen, überlief mich
Grausen; mir war es, als sähe ich die Augen
jener Ahne des Geschlechtes, als wollten sie
noch hier aus unseres Kindes Leichenantlitz
künden: „Mein Fluch hat doch Euch Beide
eingeholet!" — Aber zugleich — ich hätte es
um alle Welt nicht lassen können — umfing
ich mit beiden Armen den kleinen blassen Leich=
nam und hob ihn auf an meine Brust und
herzete unter bitteren Thränen zum ersten Male
mein geliebtes Kind. „Nein, nein, mein armer
Knabe, Deine Seele, die gar den finstern Mann
zur Liebe zwang, die blickte nicht aus solchen
Augen; was hier herausschaut, ist alleine noch

der Tod. Nicht aus der Tiefe schreckbarer Ver=
gangenheit ist es heraufgekommen; nichts An=
deres ist da, als Deines Vaters Schuld; sie
hat uns alle in die schwarze Fluth hinab=
gerissen."

Sorgsam legte ich dann wieder mein Kind in
seine Kissen und drückte ihm sanft die beiden
Augen zu. Dann tauchte ich meinen Pinsel in
ein dunkles Roth und schrieb unten in den
Schatten des Bildes die Buchstaben: C. P. A. S.
Das sollte heißen: Culpa Patris Aquis Submersus, „Durch Vaters Schuld in der Fluth ver=
sunken." — Und mit dem Schalle dieser Worte
in meinem Ohr, die wie ein schneidend Schwert
durch meine Seele fuhren, malte ich das Bild
zu Ende.

Während meiner Arbeit hatte wiederum die
Stille im Hause fortgedauert, nur in der
letzten Stunde war abermalen durch die Thür,

hinter welcher ich eine Schlafkammer vermuthet
hatte, ein leises Geräusch hereingedrungen. —
War Katharina dort, um ungesehen bei meinem
schweren Werk mir nah zu sein? — Ich konnte
es nicht enträthseln.

Es war schon spät. Mein Bild war fertig,
und ich wollte mich zum Gehen wenden; aber
mir war, als müsse ich noch einen Abschied
nehmen, ohne den ich nicht von hinnen könne.
— So stand ich zögernd und schaute durch
das Fenster auf die öden Felder draußen, wo
schon die Dämmerung sich zu breiten begann;
da öffnete sich vom Flure her die Thür, und
der Prediger trat zu mir herein.

Er grüßte schweigend; dann mit gefalteten
Händen blieb er stehen und betrachtete wechselnd
das Antlitz auf dem Bilde und das des kleinen
Leichnams vor ihm, als ob er sorgsame Ver-
gleichung halte. Als aber seine Augen auf die

Lilie in der gemalten Hand des Kindes fielen,
hub er wie im Schmerze seine beiden Hände
auf, und ich sahe, wie seinen Augen jählings
ein reicher Thränenquell entstürzete.

Da streckte auch ich meine Arme nach dem
Todten und rief überlaut: „Lebwohl, mein Kind!
O mein Johannes, lebewohl!"

Doch in demselben Augenblicke vernahm ich
leise Schritte in der Nebenkammer; es tastete
wie mit kleinen Händen an der Thüre; ich
hörte deutlich meinen Namen rufen — oder
war es der des todten Kindes? — Dann
rauschte es wie von Frauenkleidern hinter der
Thüre nieder, und das Geräusch vom Falle
eines Körpers wurde hörbar.

„Katharina!" rief ich. Und schon war ich
hinzugesprungen und rüttelte an der Klinke der
festverschlossenen Thür; da legte die Hand des
Pastors sich auf meinen Arm. „Das ist meines

Amtes!" ſagte er. „Gehet itzo! Aber gehet
in Frieden; und möge Gott uns allen gnädig
ſein!"

— — Ich bin dann wirklich fortgegangen;
ehe ich es ſelbſt begriff, wanderte ich ſchon
draußen auf der Haide auf dem Weg zur Stadt.

Noch einmal wandte ich mich um und ſchaute
nach dem Dorf zurück, das nur noch wie
Schatten aus dem Abenddunkel ragte. Dort
lag mein todtes Kind — Katharina — Alles,
Alles! — Meine alte Wunde brannte mir in
meiner Bruſt; und ſeltſam, was ich niemals
hier vernommen, ich wurde plötzlich mir bewußt,
daß ich vom fernen Strand die Brandung toſen
hörte. Kein Menſch begegnete mir, keines
Vogels Ruf vernahm ich; aber aus dem dumpfen
Brauſen des Meeres tönte es mir immerfort,
gleich einem finſteren Wiegenliede: Aquis submersus — Aquis submersus!

Hier endete die Handschrift.

Deſſen Herr Johannes ſich einſtens im Voll= gefühle ſeiner Kraft vermeſſen, daß er's wohl auch einmal in ſeiner Kunſt den Größeren gleich zu thun verhoffe, das ſollten Worte bleiben, in die leere Luft geſprochen.

Sein Name gehört nicht zu denen, die ge= nannt werden, kaum dürfte er in einem Künſtler= lexikon zu finden ſein; ja ſelbſt in ſeiner engeren Heimath weiß Niemand von einem Maler ſeines Namens. Des großen Lazarus=Bildes that zwar noch die Chronik unſerer Stadt Erwäh= nung, das Bild ſelbſt aber iſt zu Anfang dieſes Jahrhunderts nach dem Abbruch unſerer alten Kirche gleich den anderen Kunſtſchätzen derſelben verſchleudert und verſchwunden.

Aquis submersus!

Lightning Source UK Ltd.
Milton Keynes UK
UKHW021328220123
415778UK00010B/176

9 781016 473798